丛书编委会

马斯洛

李强　汪洋　著

大家精要

maslow

陕西师范大学出版总社

图书代号 SK16N1040

图书在版编目（CIP）数据

马斯洛/李强，汪洋著. —西安：陕西师范大学出版总社
有限公司，2017.1（2024.1重印）
（大家精要）
ISBN 978-7-5613-8848-8

Ⅰ.①马…　Ⅱ.①李…　②汪…　Ⅲ.①马斯洛（Maslow,
Abraham Harold 1908—1970）—传记　Ⅳ.①K837.125.1

中国版本图书馆CIP数据核字（2016）第324741号

马斯洛　　MASILUO

李　强　汪　洋　著

责任编辑	宋媛媛	
责任校对	彭　燕	
特约编辑	宋亚杰	
封面设计	张潇伊	
出版发行	陕西师范大学出版总社	
	（西安市长安南路199号　邮编710062）	
网　址	http://www.snupg.com	
印　制	永清县晔盛亚胶印有限公司	
开　本	650 mm×930 mm　1/16	
印　张	10	
字　数	100千	
版　次	2017年1月第1版	
印　次	2024年1月第2次印刷	
书　号	ISBN 978-7-5613-8848-8	
定　价	45.00元	

读者购书、书店添货或发现印刷装订问题，请与本公司销售部联系、调换。

电话：（029）85303879　传真：（029）85307864　85303629

目　录

第 1 章

马斯洛的早年生活

一、新大陆的移民

19 世纪末 20 世纪初，一场空前的移民浪潮在欧洲大陆上兴起。尤其是坐落在欧洲大陆东部的俄国，到处充斥着对犹太人的排斥和迫害，沙皇政府却充耳不闻，任其肆虐发展。一股移民的浪潮逐渐形成，由开始悄悄地进行演变为声势浩大的移民运动。一批又一批穷苦的犹太人不堪忍受长期的压迫和排挤，移居到新大陆美国。犹太人为了经济上和政治上的自由平等，来到美国寻找希望。虽然他们对这个新的大陆知之甚少，但怀揣希望，期待生活得到改善。

马斯洛的父亲塞缪尔·马斯洛就是来自俄国基辅城的犹太移民。他先是在费城待了几年，然后到纽约做起了制桶生意，并且很快与表妹罗斯结了婚。马斯洛，1908 年 4 月 1 日出生于纽约曼哈顿这个俄国犹太移民家庭里。他是家中长子，后来又有三个弟弟和三个妹妹出生，其中一个妹妹在童年就夭折了。儿时羞怯的性格和瘦弱的体质，加之早年生活经常搬迁，形成了马斯洛较为脆弱的自尊心。马斯洛对自己的外貌有强烈的自我意识，他对自己瘦弱的身躯和硕大的鼻子一直有一种痛苦的羞愧感。所以马斯洛这样说道："在我的记忆中，我从来没有任何优越感，只有一种强烈的、令人痛楚的自卑感。"

马斯洛的父母虽然没有受过什么教育，但凭借着自身的努力，靠制桶生意发家，不久后顺利地使马斯洛一家进入中产阶级行列。然而，在马斯洛的成长过程中，依旧不断地感受到周围的反犹情绪。经常会遭到小朋友们的"袭击"以及一些老师的"讥讽"和敌意。即便是在成年之后的生活和工作中，有些时候，犹太人的身份还是让马斯洛举步维艰。在他完成博士学业后，碍于他的犹太人血统，即便是动用了很多朋友关系，他的工作问题仍难以解决。他的教授、朋友、家人都劝说他改成一个犹太特色不那么明显的名字。这样的成长经历使得马斯洛较他人对民族偏见更加敏感。

二、与母亲的关系

童年的马斯洛对宗教持一种强烈的怀疑和对无神论的尊重。这大多源自对母亲的敌意。他认为母亲是一位极度迷信的人，经常为了一点小小的过失就冲着孩子大喊："上帝将严厉惩罚你！"但马斯洛若悄悄地违逆母亲的意思做了，发现上帝也并没有惩罚他。

马斯洛后来谈到他母亲的性格时，曾回忆起两件有代表性的事情。马斯洛一直非常喜欢音乐，一天下午他在曼哈顿的旧货店中找到一些旧唱片。更让他兴奋的是，其中有几张是他一直苦心寻觅的。马斯洛将它们带回家中，放在卧室的地板上，满足地欣赏着这些新的收藏品。此时，母亲罗斯走了进来，警告马斯洛立刻将这些唱片收起来。由于马斯洛太喜欢它们了，他还在专注地欣赏着这些新发现的珍宝，心不在焉地忽略了母亲的警告。可当马斯洛离开这个房间几分钟后，再回来的时候，只见母亲正一脸愤怒地使劲踩踏这些唱片，并大声地叫嚷："我告诉你什么了?! 我告诉你什么了?!"马斯洛近乎惊呆地看着一张张唱片被母亲踩得粉碎，却无能为力。然后，母亲带着心满意足的表情离开了房间。

还有一件事更能说明母亲性格之可怕。一天，马斯洛在街上散步，发现两只可爱的流浪猫，看到无人照看它们，好心的他决定收留它们，自己喂养。马斯洛将它们带回了家，悄悄地放在地下室。晚上，母亲回到家中后，听到了猫的叫声。她来到地下室，发现儿子正在用一个小碟子给小猫喂奶。儿子把没人要的小猫带回了家，而且居然还用她的碟子给它们喂食！这使她勃然大怒，发疯般地拎起一只又一只小猫，当着被吓傻的马斯洛的面，把它们摔死。

这些事情就使我们不难理解马斯洛为何对母亲有如此深的仇视心理。尽管马斯洛在以后研究了多年的精神分析，并接受过多次精神分析治疗，他也从来没有改变对母亲的看法和态度。

这种教养环境，从反面意义上来说，有助于促成他对科学的热爱。马斯洛曾经写道："我常常感到困惑，我的理想主义倾向，我对伦理的关注，我对人道主义、善良、爱、友谊和所有其他美好事物的珍视是从哪里来的。我确知它们并不是我所得到的母爱的直接结果。但是，我的生活哲学、创立理论的整个取向以及所有的研究，却都可以从憎恶和反感她所喜欢的每件事情中找到源泉。"在这一方面，马斯洛与同时代的其他一些心理学家很不相同。例如，弗洛伊德、荣格等，他们大多怀有的是一种"恋母情结"。马斯洛上大学时，父母由于常年的不和睦，终于离婚了。此后，他与父亲的关系逐渐变得亲密，但直到成年，马斯洛都对母亲抱有难以释怀的恨意。当他的母亲去世时，他甚至拒绝出席葬礼。马斯洛将自己的母亲形容为一个冷酷吝啬、愚昧无知、充满敌意的人。

与呈现在我们面前的充满理想主义的生活图景的马斯洛不同的是，他那敏感而不愉快的童年。马斯洛在数十年后的回忆中，用一种近乎讽刺式的口吻表达了他对童年生活的不满："我是一个极不快乐的孩子……我的家庭是一个令人痛苦的家庭，我的母亲是一个可怕的人……我没有朋友，我是在图书馆长大的。但是，奇怪的是，过着这样的童年生活，我居然没有患精神病。"

三、早期的知识探索

幼年的马斯洛就是一个读书迷。5 岁的时候就整日泡在街区的图书馆里，他甚至读完了儿童阅览室里的每一本书以换取一张成人阅览卡。

1922 年 1 月，马斯洛进入了布鲁克林最好的中学学习。在这所中学里，他与表兄威尔相处得非常好，几乎形影不离，两人建立起深厚的友谊。这份感情像一道阳光，洒进了马斯洛的生活，使其一生倍加珍视。威尔天生自信、开朗，甚至有些粗犷，他在帮助马斯洛克服羞怯和孤独的性格上产生了重要影响。

高中的学习生活使马斯洛成了一个博览群书的人。他热爱科学，并且在老师的引导下，开始对社会问题和道德问题产生兴趣。然而，马斯洛的高中成绩并不突出，因此毕业的时候他只选报了纽约市立大学，放弃了表兄威尔所报考的更富声誉的康奈尔大学。

虽然大学期间，马斯洛曾转学至康奈尔大学学习了一个学期，但这并没在学术上对马斯洛有任何助益。而且在康奈尔大学，除了表兄威尔外，马斯洛感到非常孤独。颇为戏剧性的是，尤其在心理学方面，给马斯洛留下了苍白的印象。因为当时心理学课的教授是爱德华·B.铁钦纳，而铁钦纳的结构学派在当时的心理学界早已失去了优势。同时，这位老教授也变得十分刻板、孤僻，他在收集古代硬币上的兴趣超过了跟踪心理学领域最新发展的兴趣。这也就不难理解为什么马斯洛后来将心理学作为毕生的事业，而在当时却对心理学没什么兴趣了。

1927年9月，重新回到纽约市立大学后，马斯洛开始选择那些真正对他有吸引力的课程：人文科学和社会科学，并在其间接触到了马斯洛称其影响了自己一生的著作——萨姆纳的《社会风俗》。威廉斯·雷厄姆·萨姆纳是美国社会学奠基人之一，19世纪以社会达尔文主义著称的知识分子运动的倡导者，一直在耶鲁大学执教。《社会风俗》一书有长达七百页丰富的民族史详细资料，它们精选于大量学者、探险家、传教士和旅行家的文章和报告，书中充斥着对宗教戒律和公众的狂热、幻觉、错觉以及贯穿于整个历史的残酷迫害的生动描写。萨姆纳写这本书的目的，部分原因是为了阐述这样一种观点：在世界历史与文明的发展进程中，人类在信仰和习俗上都发生了巨大的变化，形成了很大的差别。每一种文化体系中的成员都认为自己的道德观点是正确的、合适的，甚至是神圣不可侵犯的，而把不同的观点看作错误的、疯狂的，甚至是邪恶的。例如，现代人感到厌恶的一些习俗：杀害婴儿、儿童祭品、乱伦、食人肉等，在当时的社会文化中都被认为是符合道德的。诚然，人类文明的历史就是不断与非理性的社会习俗进行抗争的历史。这部著作深深地震撼了马斯洛，他意识到我们的现代社会同样处于这种与非理性的斗争之中，他拥有一种强烈的奉献感觉，准备用一生来追寻科学和理想，建立美好的理想主义社会。

1928 年夏天，马斯洛在纽约市立大学的哲学老师约翰·P. 特纳向他推荐了一批心理学的书籍。其中有一本名为《1925 年的心理学》的书给了马斯洛很大的影响，该书中特别使马斯洛感到震动的是美国行为主义心理学创始人约翰·布鲁德斯·华生写的三篇文章。其中包含了现今为人们所熟知的著名论断：

给我一打健康的婴儿，让他们在我规定的环境中成长。我将保证，随机从中挑选一个孩子，不管他的天赋、爱好、倾向、能力以及他祖先的职业和种族如何，我都能把他培养成任何一种类型的专家，如医生、律师、艺术家、商人等，甚至是乞丐或小偷。

行为主义的立场和观点正好迎合了马斯洛在 20 岁时的一些信念：理性、社会改良，以及通过纯粹科学精神来消除非理性和迷信。

这可能使人们颇为惊奇，居然是华生的行为主义心理学将后来的人本主义心理学之父马斯洛带入心理学大门的，马斯洛的心理学早期训练其实也是行为主义的。可以说，青少年时期的马斯洛是一个不折不扣的实验心理学的门徒，并且直到马斯洛成为人本主义心理学的奠基人后，他也仅仅是认清了这一单一理论的局限性，但仍然没有熄灭行为主义在身上的光彩，马斯洛的人本主义正是建立在博取众家之长的基础之上的。

四、贝莎——从表妹到恋人

马斯洛在读高中期间，遇到了他的表妹贝莎·古德曼。她小马斯洛一岁，是 1922 年从俄国移居到纽约的。马斯洛几乎是初次见到贝莎就被她的美貌吸引了。在青少年时期马斯洛从来不和其他同龄的女孩交往，贝莎是唯一的例外。尽管马斯洛十分聪明，并且喜欢读书，但他仍保留着羞怯腼腆的性格，尤其是在女孩子面前。

马斯洛在大学期间申请转学到康奈尔大学，其中一个原因也是因为贝莎。当时马斯洛发现自己已经十分迷恋贝莎，甚至已经爱上了她。但此时他的父母已经开始阻止这段"兄妹恋"了，理由是贝莎是新移民，社会地位比马斯洛要低，而且还要冒着出现遗传缺陷的危险。"我想离开贝莎，因为我们太年轻，无论如何，我不能与她太亲密，这样的关系带给我们的一半是快乐，一半是痛苦。"到康奈尔大学可以在地缘上和感情上与贝莎拉开一段距离。

但在康奈尔大学期间，马斯洛不仅在学业上感到失望，而且在感情上愈加思念贝莎。在那里，马斯洛没有与任何一位异性有过约会。有时在深夜里，他甚至点燃蜡烛，久久地凝视贝莎的照片。

1927 年 6 月，马斯洛怀着低落的情绪回到了纽约，他决定与贝莎进一步发展感情。但羞涩的马斯洛不敢邀请贝莎出来单独约会，只是经常到她的家中拜访，争取多一点与贝莎相处的时间。有一次，马斯洛像往常一样到贝莎的家中串门。两人坐在一起含情脉脉地凝望着对方，这使得马斯洛更加坐立不安，既想接触贝莎但又腼腆不前。终于，贝莎的姐姐给这段恋情加入了催化剂，她一把将马斯洛推向贝莎，几乎是胁迫着让他亲吻了贝莎。令马斯洛大喜过望的是，贝莎不仅没有反抗或拒绝，还给了一个令他晕眩的回吻。这是一次真正的高峰体验。从这一刻起，马斯洛感到阳光洒满了大地，生活也变得灿如夏花。

1928 年 12 月 31 日，20 岁的马斯洛与 19 岁的表妹贝莎在这个圣诞节的假日里举行了结婚仪式。在结婚之前，马斯洛的父母坚决反对这桩婚姻，他们担心近亲结婚可能带来后代的遗传缺陷。马斯洛甚至还因此研读了有关表兄妹结婚后代问题的医书。他了解到如果父母是健康的，这种遗传危险比一般情况要小。而且马斯洛也觉得父母的过分担心有些可笑，因为他父母本身就是表亲结婚，可他们的孩子却都安然无恙。马斯洛的老师和朋友为两个年轻人的生计问题而感到担忧，但这些都没有阻挡住两位深情的恋人携手婚礼。

第 2 章

成长于威斯康星

马斯洛曾写道:"生命对我而言,似乎从我结婚并转学至威斯康星大学时,才算真正开始。"

结婚前,马斯洛已在威斯康星大学注册过。结婚后,贝莎作为一名特殊学生也随他来到威斯康星大学。此时,双方父母已经接受了这桩婚姻,并慷慨地资助他们的生活。

一、"领路人"——行为主义心理学

结婚使马斯洛在感情上具有高度的安全感,同时威斯康星大学活跃的学术气氛进一步激发了马斯洛对心理学浓厚的兴趣,他的学习成绩也有了明显的进步。在这期间,马斯洛受到的心理学训练无疑是强调实验的行为主义心理学。他大部分的本科课程,除了最初选择的哲学外,基本上都是解剖学、生理学和动物行为学这样一些学科。此时的马斯洛对行为主义十分崇拜。他曾这样写道:"实际上,是华生的乐观信条把我和许多人带进了心理学领域。他的纲领性的著述展示前方有一条光明大道。我觉得——极为兴奋地——进步有了保证。可能有真正的心理学的科学，有某种坚定可靠的东西可以依赖，能使我们从一个确定不移的基地稳妥而不会逆转地前进到下一站。它提供了一种技术，有希望解决一切问题；有一种极有说服力的哲学（实证主义、客观主义），既容易理解又容易应用，使我们不致重蹈覆辙。"这一段行为主义心理学的训练，奠定了其后他的实验心理学的坚实根基。

二、文化相对主义的人类学者

在这段时间里，受到当时在威斯康星大学任教的、后来成为著名人类学家的拉尔夫·林顿的影响，马斯洛开始涉及人类学领域。林顿是一位很富有鼓动性和演说才华的老师，他能够使学生很容易对此学科产生兴趣。加之，马斯洛自从读过萨姆纳的《社会风俗》以后，一直被跨文化的概念所吸引，他就更加坚信自己能成为一个业余的人类学家，因为这是成为一个好的心理学家所绝对必要的条件。而且，在20世纪30年代中期以前的马斯洛是文化相对主义的坚定拥护者。文化相对主义在当时人类学家乃至社会学家中很盛行，并常常与反对种族歧视和进步思想联系在一起。这种观点认为，每种文化（譬如价值观、道德习俗）都是独特的，与其他文化存在着本质上的不同。不能说哪种文化更好，更谈不上把它们强加于其他文化了。马斯洛举例说："设想有一个性冲动非常强烈的男性，在我们的社会里，如果他的冲动战胜了他的压抑，那么他一定会陷入麻烦。然而几乎没有人会了解到，这些同样的冲动可能是另一个社会的一笔很大的财富。"这些观点，与马斯洛后来提出的生物体"类本能"假说，以及著名的需要与动机理论都大相径庭。在本书后面的章节中会详细阐述这个观点的转变过程。

三、毕业成果

也许我们会急于知道，马斯洛这样一位伟大的心理学家，他的硕士论文和博士论文做的是哪方面的研究呢？

马斯洛的硕士论文是有关文字材料的学习、保持和词汇素材的繁衍再造方面的研究。其实他起初是想写一篇有关音乐欣赏的美学心理学方面的论文，可是被教授们否定了。这项研究琐碎而且麻烦，马斯洛硬着头皮将它完成了，并顺利拿到了心理学硕士学位。但后来，马斯洛对这篇论文感到羞愧难当，以至于将它从心理学图书馆拿走，并撕去了相关目录卡片。令人感到荒诞的是，他的教授却十分欣赏这项研究，并敦促马斯洛将它公开发表。使马斯洛吃惊的是，1934 年，这篇论文被分成两篇文章发表了。

在威斯康星的大部分时间马斯洛都是快乐和活跃的，但有的时候他还是感到在学术上的孤掌难鸣和在同事间的情感孤独。其实这种情绪在马斯洛的一生当中都断断续续地显现着，这固然也是一位伟大的理论开拓者必将忍受的孤独的艰辛之路。

这种情绪在遇到哈里·哈洛博士之后淡化了许多。在这期间，与哈洛博士的合作使马斯洛体内求知若渴的血液再一次沸腾起来。哈洛在灵长目动物的高级机能、社会行为和学习过程等方面有着不俗的研究成果，并且哈洛是个才华横溢、妙趣横生的年轻教授，他仅仅比马斯洛大三岁，是一名单身汉。这使得马斯洛和他相处起来十分轻松和融洽，也容易被他的个人魅力所感染。

开始的时候，马斯洛是哈洛博士的研究助手，后来又成了他的第一个博士生。在协助哈洛教授进行猿猴延时反应的实验中，令他自己惊奇的是，他居然在这看似呆板的实验过程中找寻到了巨大的乐趣。他渐渐地迷上了这些可爱的猴子，觉得它们十分有趣，这是以前那些实验室中的老鼠所不能带给他的。马斯洛觉得猿猴更容易让人亲近。哈洛的小组完成的题为《从狐猴到长臂猿灵长目动物的延时反应测试》项目研究成果的公开发表，使得马斯洛的名字首次出现在正式的科学文献上，这让马斯洛感到很兴奋。马斯洛逐渐选定猿猴作为自己研究兴趣的主要领域。

后来马斯洛开始对动物的食物偏好进行研究。研究发现，在种类的级别上，动物的种类越高级，它的食物爱好就越多样化；并且饥饿和口味是不同的。饥饿是一种求生的需要，而口味的偏好就超出了这种纯粹的生存性质，即在不饥饿的情况下，动物也是会继续寻找"食物"，只不过这些"食物"是一些零食或者佳肴。就像人们在吃饱的情况下，不会再去选择馒头、面包之类的食物，可仍然不会拒绝冰淇淋或水果之类的美味。再有，对小鸡的研究使马斯洛发现，如果能自由地选择食物，有一些小鸡会选择有利于健康的食物，有一些则不会，选择健康食物的小鸡会成长得比较强壮。当我们强迫那些没有作出正确选择的小鸡也吃那些健康的食物时，它们也会成长得比原先强壮一些，但仍然没有达到那些自身就作出正确选择的小鸡的健康水平。这些发现对理解动物及人类的"机体智慧"是一个重要的贡献，马斯洛一直十分珍视。并且这对他之后提出的动机理论、需要层次理论甚至自我实现理论都有很大的帮助。

在1932年至1933年之间，马斯洛对弗洛伊德和阿尔弗雷德·阿德勒的著作产生了兴趣。弗洛伊德坚持潜意识的性冲动是我们行为的基点，阿德勒则强调我们潜在的对统治和权力的渴求。后来马斯洛在对猿猴的观察中为这两种行为找到了研究的支点。他根据对猿猴的研究表明，灵长目动物的性行为与它们的支配行为是强烈相关的，并决定将此作为自己的博士论文的主题。

四、开创性的灵长目动物性行为理论

在对猿猴的支配权和性行为的研究中，马斯洛闯入了一个几乎完全未知的领域。身边的麦迪逊等教授们也对此知之甚少，这对于具有独立精神的马斯洛来说是再好不过的了。在马斯洛的研究期间，年轻的伦敦生物学家苏雷·朱克曼发表了他关于猴子在群居中统治地位的重要性的一部专著，名为《猿和猴的社会生活》。马斯洛对此书十分感兴趣，这是对种群支配行为的首次科学观察，十分珍贵。然而，马斯洛觉得自己在描述支配行为在社会关系中，尤其是性关系中所起的重要作用能够比这位生物学家走得更远。

马斯洛在几乎没有直接指导的情况下，开始了他的博士论文的研究工作。自1932年2月至1933年5月，马斯洛每天花数小时对维拉斯公园动物园中的猿猴进行自然观察（在不惊扰动物的情况下悄悄进行观察）。观察的对象包括不同种类的三十五个灵长目动物，年龄从刚出生到老年不等。马斯洛认真地做观察笔记，尽可能将每一次的支配行为和性行为事件都记录下来。他观察到猿猴中的支配行为包括抢先占有、跨骑、威吓以及挑起争斗。服从行为包括畏缩、被跨骑、容忍攻击以及被攻击时逃跑。他惊奇地发现，性行为在猿猴的社会关系中是如此普遍，几乎是随时随地、无休无止。其中包括各种体位的异性性行为以及雄性或雌性中的同性性行为。

对动物园中猿猴的自然观察是马斯洛博士论文研究工作的第一个阶段。在此之后，也就是1933年中期到1934年年初，他开始进入研究工作的第二个阶段。也是他论文工作的核心部分，即实验研究阶段。马斯洛设计了一个体积约六立方英尺的木制观察箱。然后把二十只猿猴按相同的性别分成十对，并尽可能使每对在体重和大小上相差不多。因为有相关研究表明，猿猴的个头越大就越有支配力，在研究中要控制这一变量的干扰。

在整天停止对猿猴的食物供应后，马斯洛将每对猿猴从各自的笼子里移到观察箱中，然后投进食物。随后，马斯洛以二十分钟为一个实验段，对猿猴的各种行为进行观察和记录。实验结束后，再将猿猴送回笼中饱餐一顿。经过马斯洛及其助手十二次的这种分对测试，每次测试大约分为二十个实验段，马斯洛如预期获得了理想的观察资料。他发现，每对猿猴在实验中都出现了支配行为，例如抢占食物、性骚扰，等等。虽然这是在实验室有限制的条件下对猿猴进行的观察，与在纯粹自然环境下的猿猴会略有出入，但这仍然是一个有代表性且有效的实验设计。后来威斯康星猿猴研究室进行的对猿猴自然状况下的研究，也反复证实了马斯洛的发现。

实验结果基本上印证了马斯洛的最初假设。猿猴族群中，各种形式的性接触，尤其是不停地跨骑，是其权力地位的表现形式，反映了它们在群体中支配等级体系中的地位。个头大的猿猴通常获得的支配力也大一些，当然也有反例。一只猿猴的地位越高它就越有可能跨骑其他地位低的猿猴，当一只雌猿猴是首领的时候，就没有哪只猿猴敢跨骑它。反之，地位越低的猿猴越容易被跨骑。通过细致的观察,马斯洛还发现由性动机导致和由支配导致的跨骑之间有明显的区别。猿猴用性行为来开展进攻,要比用威吓或争斗展现权力的行为来得普遍得多。

综上所述,猿猴的支配权和地位决定了其性行为的表达方式,而不是相反。这样看来,相较于弗洛伊德、阿德勒看来更正确。如若推及人类,这将有助于我们对人类性关系和社会关系提出新的研究方法,并可以进一步探寻在婚姻领域中,支配地位与性状况的微妙关系。

五、舍弃医学

由于犹太种族的关系,马斯洛的谋职问题一直十分棘手。屡遭拒绝的他决定进入医学院学习,希望获得一个医学博士学位,以通过双博士学位的资历谋取一个研究职位。然而,医学模式的训练一直让马斯洛感到苦恼和压抑。从总体上来讲,马斯洛是一位感性的、心思细密的和富有激情的智者,他更加善于奔逸的思维、严密的逻辑和不断前行的知识探索。对于医学课程的大量死记硬背的东西,马斯洛感到厌烦不已,但更令他不能忍受的是为了成为医生而必须练成的"冷酷"。医学院新生要努力使自己对病人的百般痛苦淡然处之,甚至视而不见,以防止自我的情感大量卷入。因为这种持续不断的情感投入会使新生时时感到异常的恐惧而无法自拔。当我们面对一个女孩被医疗器械折腾得不堪忍受时,我们会不会感同身受?当我们面对一具冰冷的尸体进行解剖时,我们是否会想象他生前也是像我们一样才情横生,生命中也充满着众多的精彩故事?这一幕幕的情景会使每一位新生感到无边的恐惧和对生命的脆弱的无能为力。

还有一点让马斯洛感到恐慌和沮丧，那就是，在真正的临床医学面前一切的隐私、敬畏、神圣都将一扫而光。在大约距他这段经历三十年后的一篇演讲稿里有这样一段描述：有一次，一名患乳腺癌的妇女需要动手术，为了防止癌细胞扩散，必须用燃烧切割法切除乳房。手术用的是电动解剖刀，动手术时，有一半学生都想呕吐。但是，那位主刀外科医生用随便而又冷静的口吻谈论切割方式，对那些因受不了而逃出手术室的新生毫不在意。最后，他割下了乳房，把那团东西往大理石桌面上一扔，当时那"扑通"的一声，过了三十年我还记忆犹新。那乳房从美好而神圣的事物变成了一团脂肪和一堆垃圾，最后被扔进了废物桶。这里没有任何礼仪，也没有什么祈祷，连最不开化的社会都不如，这里只有纯粹的技术。专家显得镇静、冷漠无情。

　　很明显，马斯洛在情感上无法适应医学训练，他也不能忍受这种矛盾心理。很快，马斯洛就放弃了医学方面的学习。

第 3 章

重返纽约

一、成为桑代克的助手

1935 年，在威斯康星待了七年的马斯洛，极度兴奋地回到了纽约。这是由于他收到了桑代克从哥伦比亚大学的来信，任命他在教育研究学院担任桑代克的研究助理。这对于在大萧条时期因求职而四处碰壁的马斯洛来说，简直是从天而降的利好消息。贝莎也随他搬入了哥伦比亚大学附近的一套便利且舒适的住宅。随后，马斯洛就作为助手之一，参与了桑代克一项关于"遗传和环境因素对不同人类社会行为的影响程度"的研究。马斯洛十分感激桑代克教授给他的机会，但他还是很快就发现这项研究"相当愚蠢"，因为他相信人类的任何行为皆会受到这两种因素的交互影响。这其中也有一部分原因是马斯洛还沉浸在自己对灵长目动物支配行为和性行为的开创性研究里，使得他对桑代克的这项研究带有情绪上的抵触。

一直以来，马斯洛都有一个改不掉的秉性，那就是如果他不喜欢一件事情，他就无法耐着性子坚持做下去，必须立刻退离出来。因此，马斯洛将他对此项目的想法告诉了桑代克教授，虽然这可能会显得自己有些自负和傲慢，甚至有可能丢掉这个宝贵的助理一职。但桑代克的反应令马斯洛颇为感动和欣喜，他允许马斯洛放手去干感兴趣的研究，并照常派发工资。桑代克告诉惊呆的马斯洛，他在自己设计的 CAVD 心理测试中获得了一百九十五的超高智商分数。桑代克十分相信马斯洛的思考和研究的能力，并宣称如果马斯洛一直找不到一份永久性的职位，他愿意资助马斯洛一辈子。这令本来内心惶恐的马斯洛狂喜不已，他不仅在形势如此不好的大萧条时期保住了这份比较好的工作，并且得知自己的智商是那么的超群。之后，马斯洛一直将这个超常智商分数作为自己成就的标签。当感兴趣的研究遭到冷落时，当自己的追求得不到周围人的认同时，马斯洛都会想到这个智商测验结果，肯定自己的智慧，寻找到前进的支点，确信自己的思索先人一步，坚持在探索的道路上披荆斩棘。

二、人类性行为和支配行为的探索者

马斯洛逐渐将对猿猴的性行为与支配地位的关系的研究兴趣转移到人类身上。按照当时的标准，马斯洛的这种研究想法是相当前卫和不符合常规的。但马斯洛绝不是一个畏首畏尾的胆小者，他一旦找到自己的兴趣点，就会执着地进行下去。实际上，在未经允许的情况下，他已经开始了人类性行为和支配行为的研究。

他由对猿猴的开创性研究联想到，许多人类的性行为也都是从属于支配行为的，并准备验证这个预感。除此之外，马斯洛还深深地感到自己的这项研究充满着人道主义色彩。在 20 世纪30年代初期一篇未发表的论文中，他对控制当时美国的社会性习俗主流的重重禁忌进行了激烈的批评。当时，大多数的美国年轻人无法获得一种正面而合理的性教育，从而使得他们将性当成一种极其隐晦和神秘的行为。人们大多对其抱以好奇、猜忌、忧虑以及羞怯之感。马斯洛希望自己的研究能够从一定程度上改善这种尴尬的社会风气。正如马斯洛后来所说："我认为对性的研究是有益人类的捷径。如果我能发现一种方法，哪怕只能百分之一地改善性生活，我就能改善整个人种。"

然而，开拓这样一片充满大量未知的心理学领域可谓是举步维艰，但这同样激起了马斯洛的极大热情。在1935年年末，开始着手性行为研究之前，作为自己研究工作的筹备阶段，马斯洛回顾了前人对这个领域的研究成果。首先，必须关注的当然是性学大师弗洛伊德，他和哈福洛克·艾里斯是现代性学的开创者。但是，弗洛伊德的思想成形较早，大约是在19世纪90年代和20世纪的早期，并且所有的资料几乎全部来源于维也纳几个富有的女精神病患者的病例分析。而艾里斯为人却又十分害羞，他的研究成果大多是通过与受到过良好教育的英国人通信的方式获得的。

直到1915年，出现了一位名叫艾克斯纳的外科医生，他的研究标志着美国性学研究的开端。艾克斯纳设计了八个问题，通过信件对大约一千名大学生的性生活进行了调查。然而，仅仅的八个问题如何能将性行为的详细情形了解得清楚呢？最让马斯洛感兴趣的是，他发现了一篇发表于1929年的研究报告，研究主题是"婚姻状况调查"。作者是一位名叫汉密尔顿的精神分析学家。他用卡片记录下要提问的问题，然后进行面对面的直接访谈。并和已婚男女各一百名进行了访谈。虽然这种直接访谈的方式已经使性学研究向前迈进了一大步，但汉密尔顿的这次研究由于地区集中和被访者中有 21% 的人接受过心理分析，因此代表性有待考察。

马斯洛深知人类的性行为状况的资料可远没有猿猴那样容易获取，我们不可能采取观察的方式去进行研究，只能间接搜集相关信息。通过对前人研究的回顾与整理，最终，马斯洛也勇敢地选取了访谈作为他的研究方法，准备迎接挑战。但这种来访者的自我表达带有很强的主观性，经过反复考虑，马斯洛决定将来访者在访谈过程中显露的对支配行为的态度作为研究的着眼点，也就是说，来访者表现得越自信，他（她）的支配倾向就可能越突出。继而会在访谈过程中对来访者进一步提出一些有关性行为方面的问题以获取相关资料。在这期间，马斯洛虽然沉迷于自己的研究，但同样也从桑代克教授身上汲取了很多有益的意见，使得他的研究更加严谨和精细。到 1937 年 1 月，马斯洛已经与一百名女性和十五名男性进行了面谈。这样的男女比例是因为女性一旦答应配合访谈就会比较坦率地述说自己的性情况，而男性却常常闪烁其词，夸大或歪曲他们的性体验。还有一个有趣的原因，马斯洛在后来坦率地承认，女性能够带给当时年轻的他更多的新鲜感和刺激，他喜欢与女性来访者交谈。

马斯洛将研究成果汇成论文提交发表。其中第一篇文章名为《支配情绪、支配行为和支配地位》，在首次定义和强调了人类社会行为中的这三个方面之后，马斯洛还颇有兴致地探讨了支配情绪的强弱对日常生活的影响。他还发现，社会准则在男女关系的形成过程中起了很大的作用。"在我们的文明社会中，大多数妇女都受过要'温柔贤淑'（非支配性）的训练，并且毕生都会受影响。"

随后，马斯洛以与女性的面对面访谈为基础，又相继发表了几篇文章。分别是 1938 年 1 月完成并于第二年公开发表的《妇女的支配情绪、个性和社会行为》、1940 年发表的用来测定女大学生的支配情绪的"社会性格量表"的报告，以及马斯洛关于妇女问题的最后一篇公开发表的论文——1942 年发表的《妇女的自尊和性行为》。

马斯洛认为自己在此方面的研究有着重大的意义，对人类性行为的研究是对人类活动研究的一个缩影，是了解人类的一个捷径。因为，性是对支配—服从关系的一种展现。而且，人类支配情绪的强弱对日常的生活和工作都有不同程度的影响，尤其有助于我们对婚姻问题开辟出一条新的研究途径。马斯洛发现，支配情绪强的妇女更容易承认自己的性欲望，并通过各种自己可接受的方式满足性欲。在访谈过程中她们也表现得更加积极和坦率。相对的，支配情绪弱的妇女，她们对性持有一种嫌恶、羞耻的态度，认为这是放荡的人才会成天渴求的行为，她们在访谈过程中也更难于引导，羞于表露。很大程度上来讲，幸福的婚姻需要丈夫和妻子持有强弱程度差不多的支配情绪，这样他们才会感到性生活比较和谐。

20 世纪 40 年代中期，马斯洛与性学家阿尔弗雷德·金西展开了针锋相对的辩论，并且出于直率，他提醒金西的一份关于性行为的报告存在很严重的缺陷，但最终这件事情还是激怒了金西。马斯洛注意到任何基于自愿原则所做的性行为研究，都不可避免地会出现不贞、手淫、乱交、同性恋行为的虚假的高比例。这是由于志愿者效应的存在，即那些支配情绪高的女性往往更愿意主动表露自己的性观点和性经历，因而在样本中支配情绪较强的人就会占有不相称的过高比例。致使研究结果的"正常"与"一般"之说的描述在统计上很不准确。马斯洛的论文《金西研究的志愿者误差》于 1951 年在声望很高的

《变态和社会心理学杂志》上获得发表。

马斯洛在对性行为的研究兴趣达到高峰的时候，还曾构想着会见妓女，以研究这种沿袭了很久却少为人知的社会行业活动，以及对男人的性行为与他的支配情绪和支配行为的关系。但是，随着第二次世界大战的爆发，美国的参战，马斯洛没有将此研究展开，而是转向更为迫切的全球性问题，尤其是人类动机和自我实现的本质问题。

在对性行为和支配行为进行探索的这一阶段，马斯洛的一个重要观点也开始发生了转变。在他的一篇题为《支配情绪、支配行为和支配地位》的论文的结尾处这样写道：

有些很有趣的迹象表明，存在着一些表达支配和服从的普遍方式，例如，迄今就我们研究所见，在世界上还没有哪个民族把下跪、鞠躬或俯伏在某人前面作为支配意义的表达。如果这些动作有任何社会或个人的含义的话，就是它们和其他类似行为都毫无例外地表达了服从的意义。在猿猴中也存在类似的倾向，支配总是处于服之上，这意味着这种趋势在其表面之下还有更深的含义。

这段文字暗藏着这样一种含义，人性在生物上具有某种本质的恒定的东西，它虽然受到文化因素的影响和调节，但并不会完全被颠覆。这一内涵对马斯洛的思想倾向和学术道路产生了巨大的影响。他开始强调人类固有的情感和精神能力，这不是被文化和历史任意捏造的一团陶土。马斯洛在晚年时，提到过"人类性格的成长是园艺式的而非雕塑式的"，正印证了他早期的这一萌芽思想。此时的马斯洛正在渐渐远离自己先前的虔诚的文化相对主义者的角色。

1937年年初，马斯洛接到了布鲁克林大学的聘书，虽然这份工作也是一个小小的助教，但毕竟是一份稳定的专职工作，他欣然前往。这样，马斯洛就结束了他在哥伦比亚大学的生活。在这一年半与桑代克相处的日子里，与在学术上相比，马斯洛更多地感受到了桑代克为人的宽厚、善良和开明。对此，马斯洛一直心存感激。

三、钟灵毓秀的纽约

自从1933年希特勒在德国掌权后，大批学者相继从欧洲移民到美国，其中包括一些著名的社会科学家和心理分析学家。这些学者大部分是1933年至1934年间来到纽约的，而且相当数量（大约二十名）的知名学者齐聚纽约的社会研究新学院。这是由于新学院的领导者艾尔温·约翰森的远见卓识，他看准了这次学术移民的机会，吸纳了大批有见地的知名学者，使得原本不起眼的一个成人学院成为一座名副其实的"流亡者大学"，并逐步获得学术界的认同，成为公众瞩目的焦点。马斯洛后来回忆道，他花在社会研究新学院的时间基本和陪家人的时间一样多。

在1935年到1940年期间，马斯洛在纽约结识了不少著名学者，这对年轻的马斯洛来说，真是激动人心的时期。其中对马斯洛产生重大影响的学者包括：心理分析方面的阿德勒、弗洛姆和卡伦·霍妮；格式塔心理学和精神病学领域的库尔特·戈尔茨坦、马克斯·韦特海默和库尔特·科夫卡；等等。

韦特海默是一位十分博学而激情四溢的良师益友，马斯洛后来将其作为自我实现者的典型。韦特海默对马斯洛的影响大多是通过一些非正式的交谈和生活接触中的潜移默化，他的幽默风趣、自信乐天都深深地感染着马斯洛。韦特海默不同于一些刻板的老教授，他更多注重实际问题，而不仅仅是哲学思辨，这对于当时动荡的社会非常有现实意义。他所提倡的许多观点也正是马斯洛日后所主张的。例如，韦特海默相信，文化相对主义已经过时了，并断言目前的社会阶段存在着普遍而又微妙的伦理价值观；在他的一篇文章中还描述过"高峰体验"的概念以及相信人类真善美的本质，仅仅是现实情境使人们难以表露而已。值得一提的是，马斯洛也是通过韦特海默开始了解东方思想的。韦特海默论证说，西方心理学的偏见在于太看重"目标寻求"行为，需要学习东方思想家对人类经验中诸如游戏、好奇心、畏惧、审美乐趣以及神秘状态等"无动机的"和"无目标的"性质的重视。这些都对马斯洛正在进行的事业以及后来的思想体系产生了重大影响，并且在这期间接触到的中国道家学说更是触动了马斯洛的心灵并在其心里埋下了种子，对于马斯洛晚年提出的超个人心理学（Transpersonal Psychology）有着不可取代的意义。

格式塔心理学派的另一个巨人库尔特·科夫卡是马斯洛的另一位良师益友。科夫卡因在实验心理学的极大成就而被学术界誉为治学严谨的天才研究者，并且对心理学的很多领域都有涉足，例如绘画心理学、音乐心理学。他1921年发表的著作《心智的成长》享誉世界。能够在新学院师从科夫卡使马斯洛激动不已。科夫卡所强调的经验主义观点以及一种系统的思维方法都与马斯洛的所想十分契合。他认为"价值体验"是人类生活中最有意义的方面，马斯洛也从中颇为获益。

库尔特·戈尔茨坦也是马斯洛的流亡导师之一。他在现代神经精神病领域颇有建树，同时也是一位格式塔心理学派的拥护者。文字记载中很难寻到马斯洛具体是在何时遇到戈尔茨坦的，他们似乎是在1940年前后通过两人共同的朋友韦特海默认识的。马斯洛与戈尔茨坦的交往并不十分密切，部分原因是这一时期的马斯洛家中有两个年幼的女儿，但马斯洛依然从他的思想中受到启迪并找到共鸣。戈尔茨坦的"自我实现"概念，也许是影响马斯洛最深的概念之一，他用"自我实现"这一术语描述每个有机体（包括人类）实现自己潜能的内在需求。他认为，我们每一个人都具有实现自己特定生物学潜能的天生冲动。这对马斯洛思想体系的发展有着重大作用，马斯洛在后来构造自己的人类动机和人格理论时，采用了"自我实现"的说法，但在词语的含义上存在差异。

在精神分析领域，马斯洛在新学院先后结识了卡伦·霍妮和埃里克·弗洛姆。霍妮是一位新弗洛伊德主义者，她强烈地反对弗洛伊德的一切以"力比多"（libido 的音译，它是精神分析论的核心概念，指的是性本能。弗洛伊德假定"力比多"是人类生命力的根源）为基础、歧视妇女以及严格的生物决定论，同时她又保有弗洛伊德体系中的一些基本概念，例如潜意识。确切地说，霍妮是弗洛伊德主义中的"文化派"，她着重强调文化对人们的性格的塑造。换言之，我们之所以成为今天的样子，并不是由于我们生而有之的不可改变的生理构造，而是文化使然。就是说女性的温柔顺从是我们的文化培养出来的，而非生物基因决定的，这也是霍妮反对弗洛伊德女性心理学观点的一个着眼点。当霍妮在新学院兼职讲课的时候，马斯洛听了霍妮最早的一些演讲后就认识了她。在与霍妮的交往中，马斯洛也结识了米德和本尼迪克特两位对他一生都很重要的人物。霍妮的著作《我们时代的神经症人格》对马斯洛触动很大，尤其是关于美国特有的文化过分强调个人的奋斗而轻视对爱和友谊的需求，使人们普遍缺乏安全感，并表现为无力表达和接受爱。马斯洛认为这些观点对于他正热衷的关于妇女支配情绪、支配行为和性行为方面的研究都有重要作用。并且，霍妮成功地将精神分析和跨文化观点结合起来，进而发展出自己的一套人格理论和治疗方法，对于正处在事业重要阶段的马斯洛具有重大的启发意义。这使马斯洛意识到，在保留许多弗洛伊德基本观点的同时，探索理解人性和潜能的新途径，这两者并不冲突。

弗洛姆同样是一位精神分析学家，但他更是一位社会评论家。他对社会正义和世界进步的热心关注深深地感动了马斯洛，这是同时代的神经分析学家所不能及的。弗洛姆强烈地信奉人本主义的观点，他坚持认为，要使大众摆脱精神性疾病，必须要变革社会和经济。在他的成名作《逃避自由》一书中，清晰地向人们展示了现代社会过度自由导致的心灵恐惧，以致人们走向另一个极端，转而放弃自由与独立，追求专制权威带来的卑微的安全感。马斯洛折服于这种对社会深刻的洞察力，在他 20 世纪 40 年代所写的关于人格和政治态度的文章中，反复援引了弗洛姆的著作。

在马斯洛的老师当中，在当时最著名的要数阿尔弗雷德·阿德勒了。在阿德勒于 1935 年定居纽约后不久，马斯洛就开始拜阿德勒为师了。阿德勒家中每周五举办的研讨班，马斯洛是参与次数最多的人之一。阿德勒关于追求权力是许多人类行为的原动力的观点，正是马斯洛当时对猿猴和人类的研究所关注的焦点，这使得马斯洛对这位老师的理论十分感兴趣。同时，当阿德勒得知马斯洛对猿猴的研究证实了自己的观点时也颇为兴奋，并在马斯洛的后续研究中一直给予支持。阿德勒对诸如利他主义、同情心等社会兴趣的关注，对人格形成的体质因素的强调，都对马斯洛此后的思想倾向产生了不可磨灭的影响。虽然最后二人的关系结束得并不愉快，正像后来马斯洛在他的许多其他老师那里所遭遇的一样，一旦他的做法开始像个平等的同事而不是门徒时，对方就会变得不满、冷淡，甚至是恼怒。但这位大马斯洛四十岁的长者像父亲般勉励马斯洛走过的这段短暂而难忘的历程仍让马斯洛感激不尽。

在给一位朋友的私人信件中，马斯洛曾如此描述过他的这段经历："我完全可以这样说，我遇见世界上最好的正式的与非正式的老师，那仅仅是因为我碰巧生活在纽约市，而当时欧洲的学术精英正为逃离希特勒的统治而云集于此……我向他们中的每个人学习……所以，我不能被说成是戈尔茨坦主义者，也不能说成是弗洛姆主义者或阿德勒主义者或其他什么。我从未接受过任何邀请去参加狭隘的派别组织。我向所有人学习，拒绝关闭任何门户。"

四、与印第安人共度的夏天

1935 年，作为桑代克教授的研究助手，马斯洛接触到了哥伦比亚大学人类学者的小圈子，尤其是露丝·本尼迪克特。好学且锐意进取的马斯洛不会放过任何一个增长知识的机会，他以友好而自信的态度，很快与哥伦比亚大学人类学的教员与研究生们熟悉了起来，成为人类学系讨论会的常客。他与出席会议的玛格丽特·米德等人相处得也很好。本尼迪克特的风趣、热情、睿智和善良，都深深地吸引着马斯洛。马斯洛将她和韦特海默看成是自我实现者的典型。

马斯洛遇到露丝·本尼迪克特的时候，她已经年近 50 岁了。她生于美国一个农民家庭，是在纽约诺维其地区的一个农场中长大的。由于父亲过早地去世，她和家中的另外两个孩子都是由母亲一人辛苦带大的。1923 年，经过十年不尽如人意的婚姻生活后，35 岁的本尼迪克特开始在哥伦比亚大学攻读人类学博士学位，当时她还没有孩子。自 1924 年夏天起，她开始外出进行野外调查。然而，自幼年起，本尼迪克特的听力就不太好，这给她的调查工作带来了很大的不便。可以说，本尼迪克特进入人类学领域相当晚。但是，本尼迪克特可以说是女性人类学者的先驱，她有幸投师于近代人类学的一代宗师——弗朗茨·博厄斯门下，成为其得力的助手。并先后发表了《平原文化的梦想》《文化的类型》以及《菊与刀》等多部极富影响力的著作。尤其是 1934 年发表的《文化的类型》一书，是她的一部里程碑式的著作。后来，这本书被译成多种文字，成为流传最广泛的人类学著作之一，它使许多人更深刻地理解了丰富复杂的人类文化。

当马斯洛认识她时，此时的本尼迪克特正致力于加强多种社会科学之间的融合，包括心理学、社会学、心理治疗学和人类学之间的相互促进与发展。正如她的同门师妹玛格丽特·米德在回忆时谈道："在本尼迪克特讲学的那些年，正是'文化'成为社会科学界常用词的时候，也是心理学、精神病学和人类学之间的相互联系迅速发展的年月。"

玛格丽特·米德此时还是一位颇为年轻的人类学者，但亦硕果累累。她于 1901 年出生于美国费城的一个书香世家。在米德的孩提时代，家庭的经常搬迁养成了她日后能够迅速适应环境的能力。1924 年是她整个一生的转折。一次偶然的机会，使她有幸结识了弗朗茨·博厄斯和他的女助手露丝·本尼迪克特。博厄斯和本尼迪克特的渊博学识和巨大的人格力量给了米德投身人类学研究的勇气和信心。她迅速完成了心理学专业的硕士论文，和比她年长十四岁的师姐本尼迪克特一样，成为博厄斯麾下一员骁将。

1925 年至 1926 年的九个月，米德不顾艰险，孤身来到太平洋上的波利尼西亚群岛，研究蛮荒而陌生的萨摩亚人的青春期问题。在此期间，她经历了文明社会女性所无法想象的艰辛。米德根据萨摩亚的野外研究资料，于1928年出版了《萨摩亚人的成年人》一书，探讨了正值青春期的萨摩亚少女的性和家庭风俗，针砭美国社会对待青少年的方式，轰动一时。

马斯洛作为一位实验心理学家，居然很快就被哥伦比亚大学的人类学者们接纳了。到20世纪30年代中期，他已成为美国精通跨文化问题的心理学家之一。在本尼迪克特等人的鼓励下，马斯洛决定进行一次实地考察，亲自置身于一种异样的文化中去体验，以此摆脱自己的文化偏见，他于1938年的夏天申请获得了社会科学研究委员会的资助。与马斯洛同行的还有一男一女，在先前的交往中马斯洛都已认识。他们中的一位是早先对印第安人有所研究的年轻的女人类学者简·理查德逊，另一位是像马斯洛一样对人类学深感兴趣的心理学家鲁西恩·汉克斯。马斯洛一行选择的地点是加拿大的北方黑脚印第安人保留地，马斯洛本人的研究计划是通过调查问卷，研究印第安人的支配情绪和感情安全感。在他与黑脚印第安人相处的一个夏天中，许多意想不到的收获让马斯洛震动不已。

令我们汗颜的财富观

在马斯洛的调查中，惊讶地发现黑脚印第安人的财富观是那么让人温暖而感动。在他们的部落中，最富有的人并不是登记簿上拥有最多的粮食和牛马的人，而是那些道德高尚的人、慷慨的人、乐于帮助他人的人。他们将富有视为持续不断的慷慨给予，这样才能给自己带来威信，给整个部落带来温暖。同时，他们认为财富是知识、能力和勤奋工作的最好标志。获得财富的途径是要通过自己的智慧和努力的，而不是去抱怨什么其他的该死的外部因素。我们这些自诩生活在高度文明社会中的人，每天绞尽脑汁衡量着利益得失，甚至为了财产争斗得你死我活，而却认为那些受教育程度低的部落统统都是蛮夷之邦，现在看来是多么可笑。

这种对财富和分配的态度在每年一次的太阳舞典礼中得到生动的体现，马斯洛曾目睹这一难忘的场景。在这个典礼上，通过一年的勤劳，那些被称为富有的人将自己积累的财物像小山一样堆了起来。其中一个人让马斯洛印象深刻。在典礼的高潮之时，按照大草原印第安人的传统习惯，他得意扬扬地走上前来，开始滔滔不绝地讲述自己在这一年中是多么能干，是多么好的农民，是多么好的牧人，让大家看他带来了那么多的财富。接着，他开始无比慷慨地将自己的财物分发给寡妇们、孤儿们、盲人和病人们，直到除了身上的衣服而其他一无所有为止。

黑脚印第安人这种对待财富的高尚的、利他主义的态度深深震撼了马斯洛，因为这也是马斯洛心中理想的财富观和社会秩序。

我们渴望而不可及的安全感

马斯洛的一项对黑脚印第安人的安全感的研究显示，黑脚印第安人具有高度的安全感，他们具有的拥有自我安全感的人数和安全感的程度都是美国社会所不能及的。

马斯洛发现自己另一项调查——对黑脚印第安人的个人支配情绪研究——随着调查的不断深入，与印第安人接触的逐步增多，研究的初始假设越来越显得有些可笑。问卷中假设的情景对他们来说毫无意义，而且根本不能够真实地反映被测试者的支配情绪。举例来说，其中一个问题是"你怎么看待谈吐直率的人"，由于黑脚印第安人说起话来都直来直去，所以这个问题达不到任何测试效果，另一个问题是"你怎样对待害羞、胆小、腼腆的男人"，这同样也没什么意义，因为黑脚印第安人中没有这样的人。再有，由于文化背景和生活习惯的差异，在我们的文化中被认为是支配性的行为，在黑脚印第安人中只是一种普遍的行为方式而已，因为大家都这样做，这样并不代表什么。就像一个外星人问人类："你们吃饭是因为你傲慢吗?"这是非常滑稽的。

所以，马斯洛渐渐明白了自己这份对支配情绪的调查是针对美国这种缺乏安全感的社会文化的，他假设的前提是人们拥有一种普遍的追求权力的欲望。而黑脚印第安人基本对权力没有什么概念。

令人艳羡的友谊

黑脚印第安人的整个部落都笼罩在温暖而亲密的社会关系中。他们喜欢和许多亲戚组成一个大家庭生活在一起，而且在整个大草原上都遍布着朋友。男孩儿和女孩儿可以很自由亲密地在一起玩耍，没有什么思想上的包袱。每个男孩儿或女孩儿都有十几个和自己要好的同伴，组成他们的一个互动密切的小圈子。在我们来看，这很容易培养孩子们的安全感和归属感。并且，在这十几个伙伴中，有一位或两位与自己最要好的"小兄弟"或"小姐妹"，有点拜把兄弟或义结金兰的意思，他们的关系甚至比我们想象的亲兄弟还要亲密。

慷慨、和善、幽默在整个黑脚印第安人中闪闪发光，这些都是非常值得赞美并引发我们去学习和思考的。他们用慷慨诠释一种千金散尽还复来的信念，还复来的是尊敬与信赖；用和善传递给周围人温暖；用幽默化解紧张与冲突。

与黑脚印第安人的整个夏天的接触，使马斯洛彻底放弃了原先的文化相对主义的信仰，转而去探索一种"基本的""天然的"人格结构或框架。他曾这样表述其想法的转变："每个人出生时并不是社会可以任意塑造的一团陶土，而是已经具备了一种结构，社会可以扭曲它、压制它，也可以在这种结构上进行建设。印第安人首先是人，其次才是黑脚印第安人。在他们的社会中，我发现了几乎与我们自己社会中同样范围的人格类型，然而，其分布的曲线却截然不同。"

　　夏天快结束的时候，马斯洛怀着对妻子和孩子的想念返回了纽约。

第 4 章

变革与转折

一、快乐的教书生活

自从 1937 年来到布鲁克林大学任教，马斯洛一直觉得十分快乐。他的学生大多与自己的背景颇为相像，相当多的孩子是犹太移民的子女。他们的父母多生活在社会的中下层，没见过什么世面。但学生们天资聪慧，求知欲极强，这让马斯洛十分欣喜，并很快和他们搞好了关系。布鲁克林大学建立于 1930 年，是纽约大学系统中的最新成员，虽然这所学校的管理制度相当呆板，以致马斯洛从讲师升到副教授用了八年的时间，而且教学任务也很繁重，较少有精力去从事自己喜欢的学术活动，但由于有和他意气相投的学生们，马斯洛还是十分欣慰。

马斯洛最初讲授变态心理学，这门课在学生中非常受欢迎，是其他教授所不能比的。他幽默的谈吐、憨厚的外表、横溢的才华，学生们对上他的课程趋之若鹜。马斯洛还经常请学生们到家中做客，轻松愉快地讨论一些大家感兴趣的话题。其中不仅包括心理学问题，还涵盖学业前途、性方面等大家关注或平时比较禁忌的话题，整个讨论都是相当开放的。

在此期间，马斯洛还担任起了半专业心理治疗者的角色。并且，马斯洛自己也接受过一次精神分析的治疗。这次治疗虽然未能改善他对母亲的敌意情绪，却使他有了精神分析的亲身体验。他主要依靠自己的直觉、阅读以及与搞精神分析的朋友们的交谈积累经验，为学生们提供非正式的心理治疗服务。当然，这也由于大部分学生的心理问题并不是那么严重的缘故。这些非正式的治疗工作对马斯洛此后的思想体系产生了重要影响，马斯洛从一个个案例中不断发掘人类的内在需求和动机，特别是那些在生活中发现目的和意义的需求、那些对自身价值追求的动机。这些都是对马斯洛需要层次论和自我实现理论的启蒙。

二、开明而又传统的性观念

在布鲁克林大学，由于马斯洛与这里的学生们有着共同的种族背景，与他们的交往也就相对随意得多。他与学生们的讨论主题经常会涉及性。这对布鲁克林大学中这些大多还是处男处女的学生震撼不小，同时也使他们获益颇多。由于在犹太人家庭里，性实际上是个被禁忌的话题，因而在家庭中他们几乎不可能获得这方面的知识。并且，大多数学生还是与父母同住，这也使他们很少有机会进行性活动。他们是一群没有什么性体验的学生，他们接受可敬的马斯洛教授的邀请，共同谈论性问题。并且，讨论会是男女生同时出席的。在平时每位学生就算是面对最要好的朋友也很难启齿关于性的话题，因而这样的讨论会对许多人来说都是一次相当重要的经历。

马斯洛对性行为总是抱着开明和宽容的态度。马斯洛经常这样告诉学生，所有的性情感都是完全正常的，不必为此感到不安与困窘。并且，他还强调，不要把性幻想或性体验当作一种邪恶的行为。比如说，手淫是消除性紧张的一种健康的途径而不是什么不齿的勾当。所以，在讨论会上，马斯洛总是鼓励学生坦率地说出自己对性的看法以及性经历。他相信，诚实的自我披露有助于消除对性的焦虑和烦恼。出于这个目的，他还要求学生写性自传。

对于美国主流社会关于性和肉体的道德标准，马斯洛持一种批判的态度。好莱坞大片时常渲染出一种纯粹出自肉体的性吸引，这与一些恶俗的小说几乎没有什么两样。这会让青少年对性抱有一种不切实际的狂热幻想，甚至引发社会价值观的混乱。马斯洛曾对学生说："当你第一次体验性时，你会感到失望的。它和小说上写的完全是两回事。"

马斯洛强调，社会上迫切需要的是一种针对广泛大众的普遍的性教育，尤其是青少年的早期性教育。这有助于消除两性之间过分的神秘感和单纯的肉体吸引。马斯洛一生都是裸体主义的支持者，他认为裸体主义者为两性之间能够自由自在地相处发展友谊做出了很大的努力。首先，他们使男女之间彼此不再感到陌生，减少由于单纯的好奇心导致的性探险。其次，爱情由此将更多出于社会和感情因素，而不纯粹出于肉体因素。

马斯洛还曾阐述这样的观点："消除两性之间在经济、社会和法律上的不平等是社会变革的必由之路，首先妇女的经济地位必须有显著改变，这才能保证变革的最终效果。"在当时那个年代，马斯洛就能道出这样一番话，足见其远见卓识。直到大约过了半个世纪以后，国家通过立法扩大妇女经济和就业方面的权利，马斯洛的预想才最终得以实现。

马斯洛探讨性话题的态度虽然较为开放，但他也有相对传统与保守的一面。作为一个在 20 岁就和唯一交往过的女孩结婚，并最终相守一生的人，马斯洛是十分称赞和拥护婚姻中的一夫一妻制的。他告诫学生，坦然地接受性欲并不等于可以随意地将每一次的性冲动付诸实践。虽然性体验能够给人带来兴奋和满足，但在日常生活中我们仍要学会克制，直到找到合适的对象，这也是感情成熟的一个标志。

为了让学生更好地了解他的这一观点，马斯洛向学生推荐了卢斯·曼洛和大卫·莱维编著的《幸福家庭》一书，并将此书作为其有关性问题讲座的教材。这本书清晰地告诉大家，现实中的性体验或者是爱情并不总是充满传奇与浪漫的。真正幸福的婚姻是在看到对方的不完美之处时，仍能守护这段感情中的美好，保持平和的心境，愉快地生活。在这样一个充满变数的社会中，稳定的家庭仍是一个人最能感受到踏实和满足的地方。

马斯洛就是以这样一种诚实而开放的态度，对待和处理学生们有关性的问题的。可以说，他不温不火和实事求是的做法，给学生们带来了超越其父母与朋友的巨大影响。他从前的一位学生回忆道："他总是告诉我们，在生活中尽其所能，这就是通向幸福的最佳途径。"

三、生物本源的倾向

自从与黑脚印第安人相处后，马斯洛一直难以忘怀那个夏天。在抛弃了自己一直以来信奉的文化相对主义之后，马斯洛转而回想起早先对猿猴所做的那些实验，那些暗含着生物结构的研究。尤其是马斯洛通过对两个女儿的抚养和照顾，使他更加坚决地摒弃了少年时期热衷的行为主义论调。女儿们很小的时候就表现出了某些需求或厌恶，这并不是文化赋予她们的。

而且两个孩子从出生起，她们的性格就截然不同，一个活跃一个安静。这更说明了行为主义的异想天开，人类绝不是任由文化捏造的陶土。马斯洛曾在1938年纽约举行的人类学年会上如是说："现在对一个心理学家来说，似乎知道某人的人格类型比知道他是个黑脚印第安人更重要。我们也许有必要承认，每个人来到这个社会时，都不是白纸一张，而是带有基本的或自然的'某种固定的人格倾向'。"

四、使命感的激发

1941年12月7日，日本袭击珍珠港事件的发生，以及随后美国的参战，很大程度上改变了马斯洛的生活。就在珍珠港事件发生后的几天，在马斯洛驱车从他所执教的布鲁克林学院回家的途中，他的车子被一列由童子军和穿着过时服装的平民所组成的游行队伍挡住了。他们用走调的横笛吹奏爱国歌曲，并高举标语，抗议日本不宣而战的丑行。作为一个具有强烈同情心的人，看到此情此景，马斯洛的心被深深地震痛了。他写道："泪水开始从我的脸上流下来"，"那一瞬间改变了我的整个生活，而且决定了从那以后我要做的事情"。他意识到只有通过人类动机的研究，才能真正理解战争与和平的问题。因此，他决定献出一生，试图建立一种"和平餐桌"的心理学，并证明"人类能够超越战争、偏见、仇恨等，而臻于更完善、更高超的境界"。自此，马斯洛走上了一条充满荆棘却令人振奋的探索之路。

第 5 章

自我实现理论的问世

一、自我实现理论的缘由

对自我实现的最初探索，并不是一项正式的研究，而是源于马斯洛对本尼迪克特和韦特海默两位老师的尊敬和爱戴。两位老师的宽厚、温和、睿智、风趣，和周围的其他人是那么的不一样，他们好像是另一种迷人的磁场，那么美好和令人向往。这激起了马斯洛的探索热情，他一直努力领悟其中的奥妙，但这一切仅仅是个人崇敬和好奇，马斯洛并没有想将此构建成一个理论体系。

但此时，第二次世界大战的战火已经燃起，国际局势日益紧张，充满使命感的马斯洛决定自己要探索一条人类和平的新途径，他越来越觉得对人类美好的人性的研究、对人类需求与动机的研究不能再搁置下去了。例如：人们的生活目标到底是什么？又是什么原因促使人们去追求某个目标？满足什么才能使人们感到幸福？更具现实意义的是，为什么有这么多的人会追随像希特勒或者斯大林那样的人？

二、需要动机理论

马斯洛在对人类动机进行整合的过程中，不断回顾和反思前几年对布鲁克林大学的学生们所进行的治疗工作。马斯洛在治疗中不仅仅让来访者调整自身以适应社会，更多的是引发他们的抱负与目标，让他们了解自己内心深层次的东西。并且，马斯洛认为值得深思的是，为什么有的人通过治疗获益匪浅，而有些人则没有。那些获得成功的来访者身上具备哪些不一样的特质呢。沿着这个思路推想下去，马斯洛猜想人的需求可以被分为几种类型，一些需求比另一些更为本质和急切。

当马斯洛进一步深入细致地综合人类动机的具体细节时，他发现人类动机是有生物学基础的。其实这一思想在马斯洛对黑脚印第安人的实地调查时就开始萌发了，他曾说过："黑脚印第安人首先是人，然后才是黑脚印第安人。"这一观点在此时就尤为清晰了。马斯洛认为处在各种文化中的人们比我们想象的共通之处要多得多，他们的一些内在的、基本的东西都是相同或相似的，有的仅仅是外在的表面的差异而已。例如，不同的服饰、发型、仪式，等等。

1943年秋季，也就是在马斯洛35岁的时候，他事业中最有影响力的论文《人类动机理论》发表了。这篇文章问世的意义和影响都是巨大的。这不仅为马斯洛的人本主义的理论框架奠定了基石，也使整个心理学领域亮出了一道美丽的彩虹。在理论意义上，他对人性模式的看法可以说与当时占霸主地位的行为主义和精神分析鼎足而立，甚至在一定程度上颠覆了其他流派的传统观点。马斯洛的人类动机理论直到今天依然影响着心理治疗、婚姻咨询、教育方法、企业管理、市场营销等众多领域, 长久不衰。

马斯洛阐述道, 人类动机理论的核心是人类的需要层次理论。它包括, 生理需要、安全需要、归属和爱的需要、尊重的需要, 以及最高层次的自我实现的需要。它们的层级顺序如下图 (马斯洛著名的需要层次金三角):

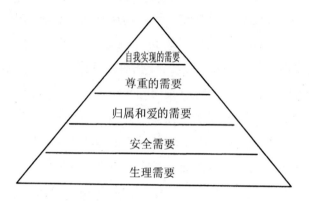

生理需要

生理需要是一种与个体生存有关的需要, 也是人类最原始、最基本的需要。它是人与动物所共有的, 包括食物、水、性交、排泄和睡眠等。生理需要是人类最强有力的需要, 是必须优先获得满足的。如果生理需要得不到满足, 他就会成为支配个体行为的动力。对于一个长期处于饥饿状态的人来说, 有充足食物的地方就是他的乌托邦。但在现代社会中, 经常处于这种极度饥饿的状态是十分罕见的。马斯洛曾说道:"在没有面包吃时, 人只是为了面包而生活, 这是正确的。但是, 一旦有了面包后, 肚子已经填满时, 人类期望什么呢?"

这时, 更高级的需求就会出现了, 人类就会被更高一级的需求所支配了。人类的需求就是以这样的层级顺次出现的。当然, 这其中也有例外, 例如, 一位艺术家可以忍受饥饿的痛苦继续不断地创作。但无论如何，人类不能长期笼罩在饥饿之中。

安全需要

安全需要是指一个人对安定、有秩序、有保障的环境的期望。当个人的需要满足后，安全需要就成为支配动机出现了。处在这一需求层次的人们，首要的目标就是减少周围的不确定性，追求一个可预知的周遭世界。安全需要在人生的每个阶段都会出现，但往往在儿童身上表现得尤为明显。儿童更加需要一个安定、高度常规的生活秩序，频繁的扰乱、吵闹、恐吓，尤其是父母的离异都会给儿童带来极大的不安全感，影响他们的健康成长。

安全的直接含义是避免危险和生活有保障，引申含义包括职业的稳定、一定的积蓄、社会的安定和国际的和平。这是成人也需要的安全感。在现实社会中，大多数健康成人的安全需要都可以得到充分的满足，只是一些神经症和精神病患者仍然存在安全感匮乏的问题。

归属和爱的需要

归属和爱的需要是继生理需要和安全需要满足后，进而出现的新的优势需要。寻求归属和爱成为此阶段的人生目标，支配着个体的行为。他是指人们对于团体的认同、家庭的幸福美满、人际的和谐的需求。比如，一个人希望归属于一个群体，成为群体中的一员，期望这个群体的成员接受他、认同他，和大家建立起友谊，有亲密的同事和他交流谈心，愿意接受爱并给予爱。

一旦个人的归属感和爱的需要得不到满足，常常就会有孤独感、疏离感、异化感，令其十分痛苦。马斯洛曾强调过，现代发达国家的人们对归属和爱的需要依然十分的迫切。人口的不断流动、传统团体的瓦解、离婚率的攀升、代沟问题的加深以及都市化的加剧都导致了归属感和爱的缺失，这些都要引起我们的关注。

尊重的需要

当上述三方面的需要获得满足之后，尊重的需要就会产生并支配人的生活。尊重的需要包括两个方面：一方面是需要他人对自己的尊重，包括获得他人的赏识、赞许、支持和拥护，由此产生认同、威信、地位等情感；另一方面是自己对自己的尊重即自尊，并由此产生自信、胜任、自强、自足等情感。

需要的满足将产生自信、有价值、有能力和"天生我材必有用"等的感受。反之，这一需要一旦受到挫折，就会产生自卑、弱小以及无能的感觉，并进而产生补偿或神经症倾向。马斯洛认为，最稳定和最健康的自尊是建立在当之无愧的来自他人的尊敬之上，而不是建立在外在的名声、声望以及无根据的奉承之上。

自我实现的需要

当上述需求都得到持续不断的满足后，最高层次的需要——自我实现就作为优势需要出现了。"自我实现"这一术语是戈尔茨坦首先使用的，但马斯洛是这样解释的：它是一种人的自我发挥和自我完善的欲望，也就是一种使自己的潜力得以实现的倾向。这种倾向可以说是一个人越来越成为独特的那个人，满足他所能满足的一切愿望。例如，一位作曲家必须作曲，一位画家必须绘画，一位诗人必须写诗，否则他始终都无法安静。一个人能够成为什么，他就必须成为什么，他一定要忠实于自己的本性。这一需要就可以称为自我实现的需要。

后来，在1954年马斯洛出版的里程碑式的著作《动机与人格》一书中，他将人的需要分为三大相互重叠的类别：意动需要、认知需要和审美需要。以上由低到高排列的五个不同层次都被马斯洛归于意动需要的范畴内。经过多年不断的思索与探究，他将认知的需要和审美的需要也加入需要层次的体系中来，将需要动机理论扩充为七个层次（如下图所示）：

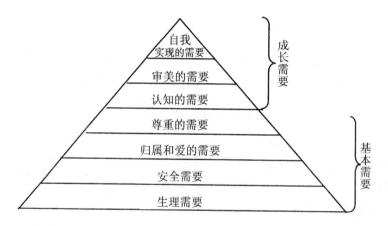

认知的需要是指我们认识与理解的欲望，是一种在功能上同满足基本需要的能力相关联的先天好奇心。马斯洛列举了很多理由说明这种需要的客观存在。首先，他相信人生而具有一些积极的冲动，比如我们总是怀着一种好奇的心态想要去了解和理解这个世界。其次，随着我们认识的不断深化和扩展，在整个认知的欲望体系中又会相继出现理解的欲望、系统化的欲望、组织的欲望、分析的欲望、寻找联系和意义的欲望、创立一个价值系统的欲望。这些纷繁的欲望也组成了一个小小的层次系列，了解的欲望优先于理解的欲望。他还强调，没有必要在意动需要与认知需要之间采取绝对的二分法。"认识与理解的欲望本身就是意动的,即它们具有力争的特点,并且如同基本需要一样,也属于人格需要。"

另外,认知需要与意动需要之间是相互联系、不可分割的。无论是孩童或是成人,都对周围拥有一种天然的好奇心,希望通过不断地探索、尝试去分析和理解身边的一切。如若这种需求不能够得到满足,我们就不可能有效地同它相互作用,去获得安全感、爱、尊重以及得到自我实现。获取知识在某种程度上也是在世界上获取基本安全的方法。同样也可将其看作自我实现的一种表达方式、全面发展人类潜能的一个前提。

审美的需要包括对秩序、对称、闭合、结构以及存在于大多数儿童和某些成人身上的行为完满的需要。马斯洛认为,审美的需要普遍存在于各种文化中,是一种近乎人类本性的东西。人们厌恶丑陋,甚至会因此而致病。人们喜欢美好的事物,身临其中会起到一定的治疗效果。人们积极地追求美丽的事物与动人的感受,这种愿望从来没有停歇过。当然,马斯洛同样强调审美的需要与认知的需要、意动的需要之间的密切联系,以致我们难以对其进行严格的划分。秩序的需要、对称的需要、闭合性的需要、行为完美的需要、规律性的需要和结构的需要,可以全部归纳于认知的需要、意动的需要或者审美的需要。马斯洛认为这一点正好构成了格式塔心理学与动力心理学的汇合点。

值得注意的是,马斯洛指出,虽然生理、安全、归属和爱、尊重、自我实现等需要形成一个层级,而且求知与理解的需要在功能上也同这些需要的满足密切相关,但审美的需要和其他需要相联系的机制并不清楚。但可以明确的是,审美的需求几乎是生而就有的本性，近似本能的东西，并且这种本性在自我实现者的身上发挥得最淋漓尽致。审美的需要虽然不像基本需求那般强烈，但是有了它的存在，可以陶冶情操、滋润生活，为人生增添色彩。

到了20世纪70年代，马斯洛又将需要层次由七个变为五个，即生理需要、安全需要、归属和爱的需要、尊重的需要以及自我实现的需要。

一般来讲，低层需要是高层需要的基础，需要层级是按由低到高的顺序依次出现的，但有时也会有所例外。在二战时期纳粹的集中营中，就有人把唯一的面包给了别人，自己却奄奄一息；也有我国著名学者朱自清的"不为五斗米折腰"。马斯洛这样解释说："这些具有高尚精神的人们，在他们的生活中其基本需要至少曾被部分满足过，尤其是在他们早年的岁月里。他们曾经爱过，也曾被爱过，体验过不少深厚的友谊，他们能对付仇恨、排斥或迫害。"

马斯洛进一步指出，人类的需要并不是像阶梯一样间断地演进，也就是说，并不是在前一阶段的需要完全被满足后，新的需要才会出现。一般情况下，上一阶段的需要被部分满足到一定的比例时，新的需要就会出现并不断强大直到占领优势地位来支配个体的行为，之后又逐渐衰弱，被新的优势需要取代。马斯洛写道："一个新需要在优势需要满足后出现，并不是一种突然的、跳跃的现象，而是缓慢地从无到有。譬如，假定优势需要A满足了10%，那么需要B也许还不会出现。然而，当需要A得到25%的满足时，需要B可能显露出5%；当需要A满足了75%时，需要B也许显露50%等等。"如下图所示。

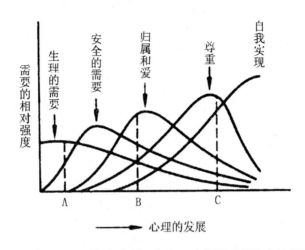

从上图中我们可以清晰地看到，马斯洛所描述的需要的发展是一种连续的、重叠的、波浪式的演进。其中包含着三点重要的启示：第一，不同层次的需要是可以同时存在的，高一层级的需要并不是在低一层次的需要完全被满足后才出现的。从图中的 B 点我们就可以看到，自我实现的需要甚至在归属和爱的需要还未达到高峰时就已经初见端倪。第二，不同时期各种需要对人的行为的支配力量是不同的，对行为支配力量最大的需要称为优势需要。第三，一般来讲，高一层级的优势需要是出现在第一层级的优势需要之后的。最后，我们必须明确的是，马斯洛的需要层次演进模式是"需要的优势"的更替，而不是"需要"的更替。

马斯洛在《人类动机理论》这篇文章中，对自我实现的概念只是作了简单的阐述，并没有太多论及它的理论定位，许多细节仍旧不是那么清晰。对知识的渴求使马斯洛并没有满足于令他骄傲的人类动机理论，自此，他开始将注意力转向自我实现问题，对它进行更深入的研究。近五十年来，心理学界一直关注的是精神病和变态心理学这些内容，这些人类的低层次需要并不是马斯洛主要的兴趣点。他的关注点在于未知的心理学领域——对"最佳人性"的研究。这区别于长期以来对病态人格的剖析，是对健康心理学领域的一次探索。

三、自我实现的前期探索

早在 1940 年马斯洛与贝拉·米特曼共同撰写的《变态心理学原理》一书中，马斯洛就用了整整一章来叙述正常人格的内容。这在当时令同行们惊讶不已，谁也没有想到他会如此的脱离常规，但马斯洛仍然执意如此，并将其中的一节命名为"理想人格和目标"。

然而，促使马斯洛走上自我实现的正式研究之路的直接动因，是马斯洛的两位老师——本尼迪克特和韦特海默在他家中的一次聚会。当时的气氛是那么和谐与愉快，马斯洛不由得想到一个问题："一个由自我实现的人组成的群体将会产生怎样的文化?"自此，马斯洛对两位老师的感情也从单纯的崇敬开始转移到想要认真地研究他们，想弄明白为什么芸芸众生如此不同，两位老师为何令人如此神迷。

马斯洛认为现代科学对研究对象只进行平均数和大众化的描述是不妥当的。他曾这样写道："如果我们想知道人能长多高，那很明显，应该挑选一些长得最高的人，对他们进行研究。如果我们想弄清人能跑多快，测量一般人跑步的平均速度是没有用的，观察那些奥林匹克金牌获得者，看看他们能达到什么样的速度，这就是最好的办法。如果我们想了解人类精神境界、价值观念和道德品行等能够达到怎样的高度，那么，通过研究那些最具有道德、伦理品质的人、活着的圣洁的人，便会得到关于这些问题的大部分答案。"

马斯洛开始不断地搜集"自我实现者"的样本，虽然屡遭挫败，马斯洛仍没有灰心。他深知对"最优秀的人"的研究不是一件容易的事情，这是一项开拓性的研究。在战争岁月里，他也开始将自己正在形成中的自我实现理论应用于世界进步问题。马斯洛认为，理想的社会应是人类实现全部潜能的社会。当然，这里面存在着个人利益和集体利益的平衡问题，个人的张扬与社会的和谐会不会产生矛盾。马斯洛坚信这一表面上的矛盾会随着人类需求层次的不断提高最终得到解决。我们的社会最终就会是一个高度协调的社会，当我们开始实现最深层次的潜能时，我们就会越来越献身于其他人的幸福。当今社会中的分级所得税就有点这种协调的意味，我们赚的钱越多，所上缴的税就越多，对其他人也就越好些。

马斯洛在不断发展其人本主义观点的同时，与大多的伙伴们疏远了。从本质上来讲马斯洛是一位孤独的思想家，他一直缺乏能与其密切交流的同事。但他身上的使命感让他觉得，这并没有什么，作为一种崭新领域的开拓者、先行者，注定要走的是一条寂寞而冒险的路。令马斯洛感到有所补偿的是，他能在他热爱的教学研究过程中感到快乐和欣慰。

在马斯洛对自我实现研究的探索中，他也大量阅读了伟大历史人物的传记，尤其是圣者和贤人的故事。这使得他的研究思路发生了一些转变。马斯洛把先前的疑问做了这样的改变：问题不再是"什么因素使人成为像贝多芬那样的天才"，而是"为什么我们不能人人都成为贝多芬"。他认为，每个人都有自我实现的潜能，之所以没有达到最高层次的自我实现，是由于他们的低级需要没有得到足够的满足，从而使通往自我实现的潜能受到了压抑和阻碍。因此，并不是那些圣人、贤者身上有超出常人的特别之处，他们不过是没有丧失什么的普通人。

在马斯洛对自我实现这一研究投入了极大兴趣，并紧锣密鼓地进行时，马斯洛忽然感到身体上持续的疲倦和心烦意乱。他不得不放下手中的资料，等待身体好转再继续进行尝试。1946年他的健康状况愈加恶化，他已经虚弱得无法负担正常的教学工作。在贝莎的催促下，他终于到医院进行身体检查。但奇怪的是，一家又一家医院都对他的症状感到迷惑不解，无法确诊。与此同时，马斯洛的体力在不断地减退。最后的诊断是：他可能患了一种全面的荷尔蒙衰竭病，这种病可能是有一个恶性的脑垂体或肾上腺的肿瘤所致，医学界目前对此尚无有效的治疗方法。医生们甚至建议马斯洛写遗嘱，马斯洛也照办了。

这对于马斯洛来说无异于晴天霹雳，但他又怀疑自己的身体并没有医生形容得那么糟。在兄弟的劝说与帮助下，1947年2月2日，他带着全家来到了加利福尼亚普里山顿优雅宁静的乡村休养。这里有马斯洛兄弟开的一家马斯洛制桶公司的分公司，马斯洛可以在此做一名悠闲的管理人，并得到一份优厚的薪金、一辆轿车和一套舒适的房子。马斯洛对兄弟们感激不尽，在他第一次来到的阳光西海岸开始了他的疗养生活。

1949年年初，身体慢慢好转的马斯洛重返布鲁克林，又重新开始着手他搁置已久的教学和研究。此时，马斯洛对自我实现的问题已经进行了大约六年的深入研究，但他仍对这一成果的公开发表或讨论感到犹豫和胆怯。作为一名曾受过严格的实验心理学训练的学者，他深知自己这项对"最佳人性"的研究还很不成熟。虽然自己坚定地认为这是一项在心理学领域革新般的研究，但对于要在正统的刊物上进行投稿，马斯洛还是有些踌躇。

正当马斯洛对自己的研究成果犹豫不决时，他收到了巴德学院的好友沃纳·沃尔夫的来信。信中沃尔夫说道，他正在筹办一种富有创新精神的杂志，想邀请马斯洛在刊物上发表一些有关自我实现的心理学的文章。由于沃尔夫的杂志的定位比较自由，又不是正统心理学主流的杂志，马斯洛最终放下顾虑，答应了好友的请求。1949 年 6 月马斯洛完成了一篇题为《自我实现的人：一项关于心理健康的研究》的文章，发表在《人格评论：价值讨论》杂志 1950 年第一期上。虽然这份杂志很快就停刊了，但对自我实现的研究具有历史意义。很难想象，如果不是这次巧然的好友邀请，这部旷世杰作会不会无声无息地石沉大海。

四、自我实现者的特征

《自我实现的人：一项关于心理健康的研究》是马斯洛十分重要而有代表性的文章之一。在文章中他并没有谈到对"最佳人性"的样本选择问题，他更多地将这一开拓性的成果当作一种理论建设而不是实证研究。主要向我们传递着一种类似中国"人皆可以为尧舜""众生皆有佛性""满街都是圣人"的观念和价值体系。各种社会地位和职业的人都可以成为自我实现者，不仅仅是雕刻师，修鞋匠也是有创造力的。甚至是家庭妇女也能够获得她的自我实现。当然在后期马斯洛不断完善这一理论的时候将自我实现分为两种：健康型的自我实现（healthy self-actualization）和超越型的自我实现（transcendental self-actualization）。健康型的自我实现主要指更务实、更能干的自我实现者。主要是入世主义者，以实用的态度待人接物和处理问题。他们往往是实践家，而不是思想家。超越性的自我实现指更经常意识到内在价值、生活在存在水平或目的水平而具有丰富超越体验的人。在这篇文章中，马斯洛系统展示了自己综合的自我实现者的十三个特征，这是建立在两组样本的详细对照的基础之上的。经整理和综合为以下十五个自我实现者共有的人格特征。

1. 能够准确客观地洞察现实。自我实现者一般都具有较优秀的鉴赏力和辨别力。在面对现实时能够采取客观的态度，按照事物的本来面目去认识世界，而不是按照自己的主观需要、欲望或防御去歪曲现实，因此也能有效地预见未来。换句话说，自我实现者的认知是由存在性（Bing Cognition）认知决定的，而不是由匮乏性（Deficiency-cognition）认知决定的。他们能够坦然地观察和接受现实，并与之保持融洽的关系，不会因为现实的杂乱、模糊、未知的状态感到烦躁。自我实现者在自己所从事的工作，以及哲学、音乐、艺术等方面都有着不同寻常的知觉能力。需要说明的是，所谓存在性认知是通过沉思得到的清晰的认知，尤其是指关于人或者是事物的超越性、神性以及永恒性方面的认知。所谓匮乏性认知是常见的认知方式，如通过逻辑或者理性分析，孤立片面地看待人或者事物的某些细节。

2. 悦纳自己、他人和周围世界。自我实现者一般能够采取正反两方面的态度看待自己、他人和周围的世界。对自身的优点、缺点都能够以平常心去接纳，不会掩饰自己的光芒，同样也不会因为自身的不足之处产生强烈的罪恶感和羞耻心。对待他人的时候也相对宽容，能够忍受他人身上的缺点，承认这是人性的自然。自我实现者对于自身的生物本性，例如饥饿、排泄、性等较低层次的需求同高层次的需求一样予以认可。同样能够欣然接受随着成长而发生的生理变化，如衰老和死亡，对此不会抱怨和苦恼。但他们对于妨碍人格发展的缺点如懒惰、无思想、嫉妒、猜疑和偏见十分敏感，力求改正。

3. 思想言行比较自然、坦率和纯真。自我实现者能够自然地表达自己的情绪和思想。一切都源于他们的自然天性。他们倾向于表达自我的真实感觉和真实体验，不会矫揉造作，也不会落入俗套，一切按照自己的本性行事。他们十分有自信心和安全感，不刻意违反常规，但亦不会因常规而违背自己的心性。

4. 以问题为中心，而不是以自我为中心。马斯洛在 1944 年前后曾构思一部巨著，虽然并没有完成和发表，但其中有一重要的章节就是提倡科学应以问题为中心而不是以方法为中心。同样，自我实现者通常不关注自我，而是以自己所热衷的事业为核心的。他们具有强烈的责任心和使命感，可以为所热爱的事业献出自己的一切。他们献身于工作并不是为了追求权力、金钱和名望，而是希望在工作中发挥自身的潜能，不断地挑战自我，在工作中实现自己的价值。对于自我实现者来说，做他们所爱的工作是最高的享受。

5. 具有超然独立的性格。自我实现者一般不害怕孤独，而且他们多是各行各业的开拓者，这也需要他们能够忍受一定的寂寞。有时候，他们还主动寻求僻静或独处，有的自我实现者为了思考一个重大问题甚至躲进深山密林，与世隔绝一段时间。但他们并不是刻意回避他人，只是不那么依赖他人而已。他们能够自我决定、自我管理，按照自己的意愿行事，不容易为他人所主宰。这时候自我实现者会在日常生活中招致非议，被认为孤傲、冷漠、不食人间烟火，但这并非他们的本意。

6. 对自然条件和文化环境的自主性。自我实现者能够自立、自制、超越文化和环境的束缚，进行自主的活动。马斯洛认为，自我实现者的动力是成长性动机而非匮乏性动机。因此，自我实现者通常不被外部世界所局限，而是受内在的潜力所激发，与自然条件和社会环境的关系也相对地由被动变为主动。在外在环境较为困苦和艰难时，也能保持良好的心态，不容易被外力击倒。

7. 对生活中的许多事物和经验总能保有新奇和欣赏的态度。 自我实现者总是能带着敬畏、惊喜和愉快的心情去看待周围看似平淡且反复的事物。每一个婴儿，每一次落日都如初见般美妙和动人心弦；相守多年的老夫妻依然如初恋般甜蜜。他们能够在日常的生活中体验到巨大的快乐和鼓舞，懂得对美好的经历感恩，对过往的经验铭记于心，心存感激。

8. 常有高峰体验。 高峰体验（peak-experience）是马斯洛1962年创立的人本主义心理学的一个新的重要概念，在后文中还会有所涉及。高峰体验通常指一种短暂的狂喜、入迷、出神、极大的幸福和愉快。马斯洛认为所有的人都有享受高峰体验的潜能，但只有自我实现的人才能充分地感受它。他们不会由于这种体验而感到惶恐不安，进行阻止或者防御。因此，他们经历高峰体验的频率和强度也比一般人多得多、强得多。

9. 真切的社会感情。 自我实现者对人类怀有一种很深的认同、同情和爱的情感。他们对于他人的关心不只限于自己的亲人和朋友，而是涵盖了全世界不同文化氛围中的人。他们具有一种博爱众生的大爱之情，对全人类都表现出同情、怜悯和真切之爱。

10. 具有深厚的人际关系。 自我实现者比一般人具有更多的融洽、更崇高的爱以及更完美的认同。他们深厚的友谊和人际关系更倾向于建立在共同的价值观念的基础之上。他们常常寻求其他自我实现者作为自己的亲密朋友。这种朋友虽然数量不多，但在感情上却很深厚充实。在爱情上，自我实现者将给予爱和获得爱视为同样重要，真诚地希望爱人健康成长。

11. 主张民主，尊重他人意见。 自我实现者易于接受民主的价值观，平等、宽容地对待他人。不同于"丛林世界观"遵奉者的恃强凌弱，自我实现者平等待人，绝不会由于种族、地位、宗教信仰、教育程度去贬损、歧视他人。他们能与任何性格相投的人友好相处，完全不去管对方的阶级立场、政治背景、肤色和出身，等等。自我实现者极少偏见，善于倾听别人的意见，虚心向任何人学习。

12. 具有强烈道德感和分辨目的与手段的能力。 自我实现者的道德伦理观念很强，他们只做自己认为是正确的事情，不论是否与习俗的是非观念有所出入。他们通常也将行动的目的和手段划分得泾渭分明。他们一般致力于目的的实现，手段是从属于目的的。然而，自我实现者的目的跟一般的普通人不大一样，一般人认为仅仅是手段的活动，他们却将其视为目的本身，并充分享受其中。例如，有的人只将工作当成赚钱的一种手段，而自我实现者却认为这是目的本身，工作就是他们的最终追求，他们享受工作的快乐。

13. 具有哲理气质和高度的幽默感。 自我实现者表现幽默绝不会建立在对他人的生理、情感的嘲笑之上，反而会常常用来自嘲或者取笑人类的某些特性。他们的幽默感是富有哲理的，在欢笑之余，常常发人深思。通常，自我实现者的幽默具有很强的感染力。

14. 富有创造力。 所有的自我实现者在这方面或那方面显示出过人的创造天赋。这种创造力并不是指具体的创造活动和成果，而是那种像未失稚气的孩童的天真的、普遍的创造力。这种原初的创造力是人类的天性，是每个人与生俱来的潜质。只是多数人在社会的成长过程中将其消磨殆尽了，而自我实现者怀着对一切事物开放的态度，对周围的一切始终持有新鲜、纯粹的感情。他们拥有的是一种创造性的人格、创造性的态度，一切事物都能激起创造的灵感。并且，马斯洛认为创造力的表现并不局限于传统的某些领域，创造力不分高低贵贱，他曾说过："第一流的汤比第二流的画更有创造性。"

15. 对文化具有批判精神。自我实现者能够不被外在的文化所限制，保持相对的自主性，并能清晰地觉察到现有文化的不妥之处。他们更加注重内心的体验，而不是受外在力量导向。自我实现者在通常情况下能与常规文化和睦相处，但并不墨守成规、随波逐流。当现有的文化与自身内在价值相悖的时候，他们也绝不会消极适应。马斯洛这样说："他们专心致志于以一种平静的、被认可的、连续不断的努力来改变现存的文化，而且这种改良是从文化的内部来进行的，而不是彻底抛弃它或从外部与它作斗争。"

当然，马斯洛在看到自我实现者这些积极特质的同时，也了解到他们身上存在的缺点。在他看来，"金无足赤，人无完人"，自我实现者拥有较为理想的人格，但这并不是完美无缺的。马斯洛曾说道："我并不在人性中寻求完美。寻求这样的完美是一个大错误，它必定导致一生的不幸与幻想破灭。"

自我实现者的消极特征包括：

1. 他们往往缺乏金钱观念，花费时大手大脚，直到生活无法维持时才会注意到金钱的重要。

2. 为人憨直，不拘小节，甚至比较粗心。

3. 他们常常由于过分自信显得有些刚愎自用，或者产生救世主情结而时常杞人忧天，这些都会令他人厌烦。

4. 他们还有一点虚荣、自夸和偏袒亲人的毛病，有时也会发脾气。

5. 他们有时候还会表现出令人吃惊的不近人情和铁石心肠，给人一种过分理性的感觉。例如，当他们发现自己长期交往的朋友背叛自己时，会立刻与其断交而没有丝毫痛苦之情。

在面对亲友的死亡时，他们之中的一些人出乎常人地冷静和迅速地从悲痛中恢复，都让人觉得他们似乎有些"冷血"。

6. 他们也并没有完全摆脱恐惧、内疚、焦虑和冲突的情绪，他们只是比一般人都接近完美而已，并不是真正的完美无缺。

在文章的最后，马斯洛写道，自我实现者虽然并非完全没有缺陷，但依然给我们提供了一个可供学习的价值观参考框架。普通人的价值观是建立在安全、归属和自尊等需要的基础上，自我的行动导向更多地依赖外在世界的变化。而自我实现者的基本需求得到满足，一直在追寻着更高层次的满足，更容易与周围的人和物和谐共处。

马斯洛的这篇文章虽然没有在学术界引起巨大的反响，但在那些与马斯洛有着相似思想的科学家中间得到了一致的好评。尤其是芝加哥大学的卡尔·罗杰斯更是对马斯洛赞叹不已，认为心理学界在观念上终于有了突破，开始有人关心人类最美好的天性、心理治疗的"长远目标"。在罗杰斯等人的鼓励下，马斯洛开始以私人名义散发这篇文章的油印本。用这种有点"地下活动"的方式，将这篇文章发送到那些对它感兴趣的心理学家、人类学家、精神分析学家以及社会学家等同事们的手中，并逐渐将其影响传播到全国范围内。

在进行自我实现研究的同时，马斯洛仍然快乐地享受他的教书生涯。马斯洛的兄弟们曾多次邀请他加入越来越赚钱的马斯洛制桶公司，都被他婉拒了。他的父亲说道："亚伯，你真是太喜欢教书啦，你干吗不去赚钱自己开个大学呢？"重返布鲁克林大学的马斯洛更加珍惜教学的机会，继续讲授受欢迎的人格和变态心理学课程。但他的研究倾向越来越走向健康心理学的范畴。马斯洛表示，现代社会存在许多性格上的通病影响着人类的健康，但用精神病学分析它们却不属于病态范围，例如，权力主义、慢性厌烦、兴趣缺失、固执偏见以及生活目的和人生意义的丧失等。早在 1943 年，马斯洛就发表过题为《权力主义者的性格结构》的文章。他认为，这是当今社会文化所造就的流行心理疾病，感染率之高、范围波及之广使得极少有人幸免。马斯洛对权力主义的表述也从观念上促进了具有里程碑意义的阿多诺等人的著作《权力主义人格》的问世。该书于 1950 年出版。

五、为什么不是每个人都能自我实现呢

在后来的数年间，马斯洛一直思索着一个问题：既然每个人生来就有自我实现的潜能，为什么只有少之又少的人充分发挥了自己的潜能呢？马斯洛给了我们以下几点启示：

自我实现处于需求层次的最高端，它的实现需要所有较低层次需求的持续不断的满足。因此，自我实现的需要与其他需要相比是最脆弱、最容易受到压抑和阻碍的。

受到"约拿"情结（Jonah complex）的影响。约拿是《圣经》中的人物，他逃避职责，不去传道，被鲸鱼吞入腹中三天三夜。他在鲸鱼腹中向神呼救、许愿，神才命鲸鱼将他吐了出来。约拿情结寓指那些"对自身的杰出畏惧的人""逃避自己职责和命运的人"。约拿情结可以帮助我们理解个体对于成长的恐惧。要一个有创造性的天才承认自己的天赋，完全接受它、发挥它，超越自己的矛盾心理，常常需要用半生的时间。一方面，正常的内在精神使他们希望最大限度地实现自身的潜能；另一方面，社会却要求他意识到别人会把他的真实能力看成是一种威胁。约拿情结使大多数人不能认清自己的命运和天

性，失去了成长的勇气，不敢承担自己应尽的职责，因而严重妨碍了自我实现。

现有文化和某些社会规范也会遏制自我实现的倾向。古谚云："枪打出头鸟"，我们长期的文化积淀酿造了一种近乎不可救药的从众心理。由于很少有人能够达到自我实现的健康状态，而那些真正达到的人就会因曲高和寡而感到孤独，从而使这种自发性降低，减少潜能的实现。况且，历史的教训是惨烈的，很多伟大的人物必须学会韬光养晦才能免遭劫难，伽利略、马克思等历史先驱的经历都引人深思。并且，现代文化常常塑造出一种刻板的模式，例如，男孩子就必须表现出"男子汉气概"，在男孩子身上，同情、温柔、善良、亲切这些都不是主流文化所推崇的，但这些恰恰是自我实现者所应具备的。

童年环境往往会影响一个人自我实现的可能性。如果一个幼儿很小的时候就没有得到应有的关爱和保护，那么他可能用未来的一生来孜孜以求这份缺失的爱，当然就没有机会获得发挥自我实现的潜能。而在童年时代，处于温暖、安全、友爱家庭的孩子更倾向于选择自我成长，有助于未来追求更高层次的需求。

六、自我实现的途径

随着马斯洛自我实现理论的不断完善，在后来发表的《自我实现及其超越》一文中，他对自我实现的原理进行了一定的扩展和补充。马斯洛认为自我实现并不是一种"老天要下雨谁也挡不住"的被动接受的状态，而是主观努力的过程。他提出了通向自我实现的健康人格的八条途径。

1. "自我实现意味着充分地、活跃地、无我地体验生活，全神贯注，忘怀一切。"也就是说，通往自我实现的过程中，往往是逐渐地减少自我意识、自我关注的成分，完完全全地献身到一项事业中去。因此，个体应该经常全身心地专注于某一件事情、某一项使命，彻底忘记自己的伪装、拘谨和畏缩，进而达到一种"无我"的状态，或者尽可能从"小我"走向"大我"的境界。

2. 当我们面临选择时，要作出成长的选择，而不是畏缩的选择。马斯洛曾经这样说道："让我们把生活设想为一系列选择过程，一次接着一次地选择。"其实我们的人生也不过是一系列自由选择行为的总和。只不过，这些选择可以是成长的、前进的，也可以是畏缩的、倒退的，我们在面对每一次选择时，努力地作出成长的选择而不是畏缩的选择，那么就将不断地趋近自我实现。

3. "要倾听自己内在的冲动的呼唤。"在马斯洛看来，每一个生命都不是一团任人随意捏造的陶土，我们拥有一些本能的东西，一个有些不甚清晰的自我。我们要善于倾听自我的声音，让我们的自我得到完整展现。然而，在我们的成长过程中，会出现不计其数的"权威"，童年时候的"家长"，学龄期的"老师"，成年之后的"公司领导"、教会牧师等，我们必须勇于挑战传统与权威，进而达到自我实现。譬如，当我们品尝一瓶红酒时，要相信自己的主观感觉，用自己的舌头去品尝，而不是看酒瓶上的商标或附庸名门贵族人士的品位。

4. 要诚实，不要隐瞒。当有怀疑的时候，诚实地面对自己的心，勇敢而毫不欺瞒地去做。这意味着在生活中不装模作样，用真诚的心态时时反躬自问，理解责任的含义，承担责任。每一次的承担责任都是向自我实现迈出了一大步。

5. 要从小事做起，倾听自己兴趣和爱好的呼唤，有勇气面对和选择。在选择的过程中，要把以上四点结合起来，不带自我意识的全神贯注、勇敢的成长、倾听自我的声音、诚实和承担责任，从而在每一个步骤上都作出在素质上对自己的健康发展来说正确的选择。同时，倾听自己的志趣与心声，敢于与众不同，做事情不要畏首畏尾，相信自己的使命，坚定行事。

6. "自我实现不只是一种结局状态，而是在任何时刻在任何程度上实现个人潜能的过程。"也就是说自我实现并不存在终点，需要我们不断地经历勤奋的、付出精力的准备阶段。但这并不是说自我实现只存在于高雅与遥不可及的世界里，一流的木匠比二流的雕刻师都值得称赞。只有力求使自己成为一流的，才是通向自我实现的正确途径，并竭尽所能，不懈地勤奋与努力。"自我实现在一生中是自始至终进行着的。"

7. 高峰体验是自我实现的短暂时刻。虽然高峰体验大多是一种突如其来的被动体验，但我们同样可以通过设置一些有利的条件促使高峰体验更频繁地出现。高峰体验是一种瞬间展示我们人性真实图像的时刻，这样体验的更多出现有助于我们用人性更高的境界去度过生活的每一时刻，更加清晰地去认识自己、实现自我。

8. 对防御心理进行识别，并有勇气放弃这种防御机制。我们必须认清自己的使命，那种自己将成为一个什么样的人的使命。摆脱约拿情结的影响，接受自己的命运，履行应尽的职责，最大限度地发挥自身的潜能。马斯洛反对当下流行的"去圣化"，即对一切持无所谓的态度，玩世不恭和犬儒主义。仿佛"看破红尘"，将一切美好高尚的事物歪曲化和庸俗化，毫无诗意可言。他强调，必须放弃"去圣化"的防御机制并学会"再圣化"。再次将人或事物赋予神圣的、永恒的诗意和美感，这是帮助人们趋向自我实现的最重要的途径。

由此，我们可以看到，马斯洛相信每个人都有自我实现的潜能，其区别只不过是多一点或少一点罢了。如若提供良好的条件和途径，自我实现终将实现。然而，尤其值得注意的是，自我实现并不是某个伟大的超越性的时刻，即在某一时刻就永远地步入自我实现的神殿，而是一个不懈努力的过程。从一定意义上来说，自我实现是一个程度问题，由不断的累积形成的，是从每一次对理想人性的微小的进展发展而来的。

第6章

布兰代斯的新启程

一、创立心理学系

43 岁的马斯洛已经在布鲁克林大学任职十四年了，他喜欢这里的教学生活，更觉得这里积极求知的学生无比可爱。但是，在学术研究上，他越来越感到形单影只，他的人本主义主张使自己在那些强调实验主义的同事中显得孤立。每个学期规定的五个班的课程，也使得马斯洛略感疲惫，他总是需要更多的独立思考的时间。然而，他深知这种状况直到退休都不会有任何的改变。

1951 年的春天，马斯洛接到政治专栏作家马克思·勒纳代表布兰代斯大学打来的电话，邀请马斯洛到这所大学担任心理学系主任。虽然马斯洛对布兰代斯大学知之甚少，甚至起初认为这是一座宗教学院或神学院，但他对这位勒纳先生却并不陌生。勒纳先生在许多著名的杂志和报纸上都发表过犀利的文章。随后，马斯洛在家中会见了这位自己颇为欣赏的作家。勒纳向马斯洛介绍了布兰代斯大学的历史和背景。布兰代斯大学靠近波士顿，是一所由犹太人主办的、不属于任何宗教派别的新大学。在那里没有种族和宗教派别的歧视，同时招收天主教徒和新教徒的学生，次年春天将有首批学生毕业。勒纳告诉马斯洛，他十分佩服马斯洛的聪明才智，希望能以马斯洛的远见卓识为布兰代斯大学建立起一个心理学系。在这里，犹太背景的教师再也不会受到无端的排挤和歧视。马斯洛可以按照自己偏好的风格去设立课程，自主地选择有创新意识的老师来授课，并按自己的方式培养研究生，引领心理学系获得声誉。

勒纳所描述的前景令马斯洛兴奋不已，虽然在心理上还是有些顾虑，但这次的挑战十分吸引他，同时贝莎也很支持他前往，马斯洛于是很快就答应了这次聘任。马斯洛夫妇搬到了离沃尔瑟姆有十五分钟路程的小镇纽腾维尔，在马斯洛兄弟的资助下他们在这里买下了一处房子。这是他们结婚二十三年以来第一次拥有自己的房子。

布兰代斯大学很像是 20 世纪 50 年代的纽约社会研究新学院。在校长萨克尔的积极招募下，很多领域的优秀学者都汇集于此。其中包括：物理学家利奥·西拉德，人类学家阿尔弗雷德·克罗伯和保罗·雷丁、欧文·豪等，社会学家菲利普·里夫，作曲家阿瑟·伯格和欧文·法因也来到这里执教。勒纳和莱昂纳德·伯恩斯坦每周也从纽约到这里来。这对于像布兰代斯这种规模的大学来说，拥有这么多的知名学者是非常令人瞩目的。在这里，充满朝气的环境让马斯洛觉得离自己的理想更近了。

在开始之初，布兰代斯大学没有建立泾渭分明的学院系别，只有一些较为广泛的像社会科学和人文科学一样的部门，这种打破严格学术界限的制度使教师和学生都获得了更广阔的交流机会。萨克尔和勒纳还经常为高年级大学生举办跨学科的专题讨论会，邀请各学科的著名学者来此讲述他们的生活和经历，演讲者包括著名心理学家卡尔·罗杰斯和社会学家赖特·米尔斯等。这让学生们开阔了视野，深受启迪。

在这里马斯洛热情洋溢，开始建立自己梦想中的心理学系。他聘请教师的时候并不注重严格的学术派别和学历背景，他希望招募到真正有创造力的、锐意进取的有识之士。为此，他找寻到了一批颇有前途的年轻人，包括理查德·赫尔德、里卡多·莫兰特和乌尔里克·尼斯尔，同时也引进了在心理学界有所建树的老者，如库尔特·戈尔茨坦和乔治·凯勒等。这些人虽然都不是马斯洛的追随者或者人本主义观点的赞同者，但他们都无一例外尊重这位对心理学极富热忱的系主任。马斯洛也同样抱着对心理学的各分支学科公平对待的态度进行管理。虽然有时候在经费和名额面前，马斯洛不得不学会作出选择和放弃，学会说"不"，但总能与大家和睦相处、气氛融洽。

在管理教学之余，马斯洛还建立了一个颇有名气的学生辅导中心。他聘请到了尤金妮金·汉夫曼作为辅导中心的指导老师，这是一位受人仰慕的流亡心理学家。马斯洛将辅导中心设为独立的部门，有自己的经费预算，对于学生的资料和前来求助的内容要求辅导老师进行保密。这在当时来说还是相当前卫的，一般学校的指导中心多半和给家长通风报信的探子差不多。建立在这种管理制度上的辅导中心很快就在大范围内出了名。

二、《动机与人格》的出版

诚然，作为系主任，马斯洛肩上多了很多管理院系和建设学科的重任，但他从来没有放下手中创作的笔。《变态心理学原理》发表十三年后，马斯洛于 1954 年出版了他的一部具有里程碑意义的巨著《动机与人格》。《动机与人格》是马斯洛最重要的著作之一，共有十八章，提出了许多精彩的理论。其中包括需要层次论、自我实现论、心理治疗论等。在这本书中马斯洛还阐发了他对人类科学的方法论的观点，即倡导科学应以问题为中心而不是以方法为中心，要把重要的有关价值伦理的问题和科学结合起来，创立一种社会真正需要的积极的心理学。

《动机与人格》一书是马斯洛的研究成果的原始记录，它已经成为对马斯洛理论感兴趣者的主要参考书。该书的第一版出版于1954年，当时，它实质上是试图在已有的传统心理学派的基础上有所发展，并未想要摒弃这些学派或者建立另一个与之抗衡的心理学流派。它试图通过深入探索人性的"高级"层次来扩展对于人格的理解，马斯洛最初想给本书起的书名就是《人性的高境界》。如果必须把本书的主题浓缩为一句话，他认为应该这样说，在当时的各种心理学派对人性所作的描述之外，人还有一种更高级的本性，它的性质是类似于本能（instinctold）的，是人的本质的一部分。而且强调人性深刻的整体论的性质，而这种性质与行为主义心理学和弗洛伊德心理学的解析的、分解的、原子论的、牛顿式的理解是冲突的。

马斯洛当时认为，这只不过是心理学内部的一场争论。后来的事实证明，情况恰恰相反。这原来是一种新的时代精神的局部表现，这种时代精神是一种新型的、普遍的、全面的人生观。这种新型的"人本主义的"世界观，似乎是在用一种全新的、更有希望的、令人振奋的方式来构思人类知识的全部领域（包括经济学、社会学、生物学等）、全部行业（包括法律界、政界、医学界等）和全部社会职能机构（包括家庭、教育、宗教等）。

第二版出版于1970年。它的影响在逐年增大。马斯洛在第二版序言中指出，尽管该书从科学的角度来看还不甚成熟，人本主义心理学却已经打开了研究所有这些被称为超越的和后人本的心理现象的大门，而行为主义和弗洛伊德学说的内在的哲学局限性则从原则上将这些资料封闭起来。在这类现象中，不光有意识和人格的各种高级和积极的状态，即对物质主义、身穿紧身衣的自我、对"原子—分割—割裂—敌对"观点的超越，还包括价值（永恒的真理）是大大扩充了的自我的组成部分这样一种认识。

从1971年至1976年，《动机与人格》一书作为参考文献被引用了489次，平均每年超过97次。在该书出版二十年之后，从1976年至1980年，对该书的引用增加至791次，平均每年超过198次。

与前两版相比，《动机与人格》修订后的第三版突出了马斯洛的创造性思想，强调了他所提出的意义深远的概念。该书分为以下四个方面：动机理论，心理病态与正常状态，自我实现，人类科学的方法论。

第一章"动机理论引言"是对传统的行为主义动机理论的一种人本主义的批评。马斯洛系统地列举了传统动机理论的局限。他强调了考虑完整的个人、文化影响、环境、多重动机、非动机行为和健康的动机的必要性。简而言之，马斯洛为真正的人类动机理论奠定了重要的基础。

第二章"人类动机理论"是马斯洛关于需要层次论的经典阐述。马斯洛将行为主义心理学、弗洛伊德心理学和人本主义心理学巧妙而完美地结合在一起。需要层次论已经在商业、广告、教育以及其他许多领域中得到广泛的应用。

马斯洛指出，所有人类的需要可以根据层次进行排列，从对空气、食物和水的生理需要开始，接下来是心理需要的四个层次——安全、爱、自尊和自我实现的需要。马斯洛强调，我们的高级需要与我们对食物的需要同样是真实的、不可或缺的。在人类的需要问题上，他尽量避免了行为主义学派和弗洛伊德学派的过分简单化的观点。

在第三章"基本需要的满足"中，马斯洛讨论了需要层次论的一些含义。包括需要的满足、需要满足的后果，以及需要满足与学习、性格形成、心理健康、病理学和其他各种现象的相互联系等。

在第四章"重新考察本能理论"中，马斯洛重新考察了传统的心理学本能理论。这套理论将生物学的本能概念应用到人类行为之中。本能学派的学者在遗传性的本能中寻找所有行为的根源，而与此相反的是，行为主义学派的学者倾向于用学习（learning）来解释所有的行为。

在这一章中，马斯洛总结了在行为主义学者的研究方法中所存在的主要问题。他认为，任何对人类行为的详细观察都会显示出遗传和环境的共同影响。在人类需要中的确有本能的成分，但一般来讲很小。正常健康的人类并非由其本能需要主宰，而且如果他们某些本能需要未能满足，也不至于非常沮丧。

弗洛伊德认为，人们的自我（ego）和文化的需求是不可避免地与我们内心最深处、最基本的自私的本能相互冲突的。马斯洛对此持否定观点，他认为人在本质上是好的、具有合作性的，我们可以通过文化得到满足而不是受到挫折。

在第五章"需要的层次"中，马斯洛探讨了需要层次中的高级需要与低级需要的差异。他认为高级需要是进化过程较晚的产物，而且在个体中也是较晚发展起来的。越是高级的需要对于维持生存来说越不迫切，其满足越可以被推迟。高级需要的满足能够产生更大的幸福感，能够促进个体的成长，而这也要求有一个更为良好的外部环境。

接着，马斯洛探究了需要层次的含义。马斯洛的需要层次论是公正地看待人类高级功能的丰富性和复杂性的一种方式，同时也将人类行为与所有生物的动机、行为放到了一个连续统一体之内。马斯洛还概括了需要层次论对于哲学、价值观、心理治疗、文化和神学的意义。

在第六章"非动机的行为"中，马斯洛拓展了传统心理学的研究范围，把表达性行为和艺术性行为也包括进来。与他同一个时代的行为主义心理学家习惯于忽视学习、动机的行为之外的所有其他方面。马斯洛指出，并不是所有的行为都是有动机或有目的的。包括唱歌、跳舞和游戏在内的表达性行为可以是相对自发的、无目的的。它们也值得从心理学角度去关注。

在第七章"心理病理的起源"中，马斯洛讨论了两种不同的需要受挫的情况。威胁性的受挫可以造成病理表现，而非威胁性的受挫则不会。马斯洛强调，并非所有的受挫都是威胁性的，实际上，剥夺（deprivation）既有正面影响，也有负面影响。马斯洛还讨论了威胁性和非威胁性的冲突，同时还指出，某些冲突也有其正面的影响。

在第八章"破坏性是本能的吗"中，马斯洛指出，破坏性不是天生的。他列举了在对动物、儿童和跨文化行为的研究中得到的证据，这些证据表明，事实上，在健康的、适当的环境下是不会产生破坏性行为的。他认为，对破坏性和任何行为来讲，我们必须考虑三点：个人的性格结构、文化压力和当前情形。

在第九章"作为良好人际关系的心理治疗"中，马斯洛将心理治疗与包括威胁、行为完成和需要满足等在内的实验心理学传统概念紧密联系起来。通过承认需要满足的中心理论地位，马斯洛指出，我们可以理解不同的治疗系统都是如何有效地运行的，以及接受训练相对较少的心理治疗师为什么也可以是有效的。他还指出，我们的基本需要的满足只能在人与人之间的关系中实现。这些需要包括马斯洛需要层次中的安全需要、归属和爱的需要、尊重的需要。

马斯洛强调，良好的人际关系在本质上说是具有治疗效果的，反过来说，良好有效的治疗是建立在良好的医生与患者的关系基础之上的。对于马斯洛来讲，一个健康的社会就是良好的人际关系可以得到培育与促进的社会。健康的社会也就是人们在心理上健康的社会。马斯洛强调，职业心理治疗师永远有用武之地，尤其是对于那些已不再追求基本需要满足的人或者不接受这种满足的人来说。这些人需要专业治疗，以帮助他们意识到无意识的思想、欲望、挫折和压抑。

在第十章"达到正常与健康的方法"中，马斯洛从统计学、习惯和文化的角度，并从良好的调节和无功能障碍状态（without dysfunction）的角度，讨论了心理正常的主要含义。他还根据积极的心理健康提出了更积极的定义。马斯洛将心理健康与自我实现的过程和他的需要层次中与生俱来的其他需要的实现过程相互联系起来。他讨论了可以自由选择的环境如何成为心理健康的最佳支持。

在第十一章"自我实现的人"中，马斯洛描述了他对自我实现的划时代的调查。他概括了在选择和测试研究对象中使用的方法。这一章的大部分都是马斯洛对自我实现研究对象的素质和特征所作的具体描述，其中包括：准确的感觉、自发性、超然、独立、高峰体验、幽默感和创造性。

马斯洛还指出，他的研究对象还远不是完美的人，他讨论了这些人的弱点。此外，他还讨论了在自我实现中价值的作用和自我实现者身上两分对立的解决，例如感情与理智、自私与无私以及责任与享乐。

在第十二章"自我实现者的爱情"中，马斯洛着重强调了对爱情的研究，尤其是对健康人的爱情的研究的重要性。马斯洛讨论了性与爱之间的关系。他还讨论了爱情是如何引导我们超越自我，并且肯定所爱的人的独立和尊严。他还讨论了爱情固有的回报以及利他的性质。

在第十三章"自我实现者的创造性"中，马斯洛将艺术家、诗人以及其他从事"创造性职业"的人的创造性与更直接地来源于人格本身的自我实现的创造性进行了比较。后者的创造性表现为新颖而富有创造性地做事情的倾向，无论是教学、烹饪、运动还是其他活动。

富有创造性的自我实现者倾向于以敏锐、清醒的眼光审视世界，比其他大多数人更具有自发性和表现力。因为他们接受自己，所以更多的自我可以服务于创造性的目的。马斯洛还将其称为"原发创造性"，这是构成伟大的艺术、音乐基础的最初的洞察力和灵感。马斯洛指出，只有少数天资聪颖、训练有素的人能够取得艺术上富有创造性的成功，而原发的自我实现的创造性是我们的基本人性的基本方面。

在第十四章"新心理学的问题"中，马斯洛概述了他在研究心理学时使用新方法的过程中出现的一系列问题，它们包括研究传统心理学课题的新方法。这些课题涉及学习、知觉、情感、动机、智力、认知、临床心理学、动物心理学、社会心理学和人格理论等。

在第十五章"关于科学的心理学研究"中，马斯洛为我们展现了对科学的心理学解释：科学家也是人，他们的行为必然遵循心理学的原则，包括价值观、恐惧、希望和梦想在科学中的作用。他还强调科学并非发现真理的唯一道路。他建议，应该在传统的科学观点上增加诗人、哲学家、梦想家和其他人的方法。一个健康、幸福、兴趣广泛的人很可能成为一名更富有创造性的科学家。

在第十六章"方法中心与问题中心"中，马斯洛指出，科学上的许多问题，尤其是在心理学上，产生的原因就是过度强调方法中心。方法中心是指集中强调科学研究中的设备、仪器和技术。这常常会导致一些尽管方法上健全但却缺乏价值的研究。方法中心往往使科学循规蹈矩，扼杀新意，限制了科学所能够研究的范围。

在第十七章"陈规化的认知与真正的认知"中，马斯洛区分了两种思维方式，并论证了哪种思维方式更为合理。他强调了对新体验的最初关注的重要性，要清楚、详尽地进行观察，而不是立即把新体验进行归类。对马斯洛而言，陈规化是盲目归类的一种典型，而习惯则是另外一种。虽然稳定的规则是有用和必要的，但过多地进行归类就会导致思想的僵化和对现实的视而不见，而且还会导致无法有效地解决问题，以致新问题要么未被意识到，要么通过不合适的方法和手段去处理。

在第十八章"心理学的整体论方法"中，马斯洛指出，复杂的人类行为不能够被简化为更简单的部分。甚至在研究具体人格方面时，马斯洛坚持主张要牢记我们是在研究一个整体的一个部分，而不是一个分离的实体。马斯洛认为该书自始至终运用的都是整体论方法，整体论显然是正确的——无论如何，宇宙总是一个整体，有着内在的联系；每一个社会总是一个整体，有着内在的联系；每一个人总是一个整体，有着内在的联系；等等。然而，整体论观点作为一种观察世界的方法，一旦实施起来，一旦要被正确地运用，却远远不是一帆风顺的。原子论的思维方式是某种形式的轻微的心理变态，或者至少也是认识不成熟症候群（the syndrome of cognitive immaturity）的一种症状。整体论的观察和思维方式似乎会自然、自动地为健康的、自我实现的人所接受；对那些不怎么开化、不怎么成熟、不怎么健康的人来说，却是非常难以接受的。

《动机与人格》整部著作文笔流畅、才思泉涌，无处不闪耀着智慧的光芒，马斯洛的许多经典思想都展现得淋漓尽致。书中很多重要的文字被经久不衰地广泛引述：

"心理学作为一门科学，在研究人的消极面所取得的成功远远大于积极面。它向我们展示了人的大量缺点、病态和恶习，但很少揭示人的潜力、美德、抱负或者可能达到的心理高度。心理学似乎自愿放弃其合法管辖区域的一半，而仅局限于另一半，即黑暗、平庸的一半。"

"总之，我坚持认为，心理学研究尚未达到应有的高度。我将探求这种悲观主义的错误是怎样产生的，为何至今尚未纠正，应该怎样纠正。我们不仅要了解心理学的现状，还必须了解它的天职，了解心理学如果不能摆脱它对人性悲观、狭隘的偏见，其前景将是一种什么状态。"

在完成了这部充满着思想火花的著作后，马斯洛感到一种巨大的骄傲，他深信这将是一部具有重要意义的心理学著作，践行了自己一直以来作为心理学开拓者的使命。他甚至觉得这本书对于人的价值的理解超越了所有先哲圣贤。并且由于这部书的问世，马斯洛很快就在全国范围内声名大振。书中对健康人的关注、对人性乐观的态度以及对生命价值的崭新阐释都给人们留下了深刻的印象。一时之间，马斯洛的名字成了探索人性的新的导航灯，他的思想开始渗透到企业管理、市场营销、教育、心理辅导与心理治疗、医学与护理、政治学、哲学、社会学、宗教等领域。马斯洛富有说服力的思想给当时美国充满悲观主义的心理学带来一种全新的理念，使得那些关心心理学的人犹如久旱遇甘霖。

这部《动机与人格》给马斯洛带来了众多的演讲机会，邀请函纷至沓来。虽然马斯洛对自己的研究成果十分自信，但他还是不能确定心理学的同行们是否能够接受他的这种非传统的心理学研究。此时的马斯洛已经不是年轻气盛的小伙子了，已到中年的他开始重视自我形象，担心在专业和学术上招致打击会毁坏长期建立起的名誉和威信。虽然每次在演讲前马斯洛一直怀有这种患得患失的心理，但他还是战胜了自己，十分出色地完成了演讲，受到公众一致的好评。

不断的演讲使得马斯洛的名声不断提升，他的名字已经开始和一种心理学现象联系起来了。虽然还并没有形成一股清晰实在的势力，但马斯洛的健康、积极的心理学在 20 世纪 50 年代整个沉寂的心理学界激起了一道美丽的浪花，并逐渐地向各种领域渗透着，慢慢深入人心。

三、困难重重的师生关系

相较于布鲁克林，马斯洛在布兰代斯花在社交上的时间多了很多。他有了自己的朋友圈子，这包括：历史学家弗兰克·纽曼尔、社会学家刘易斯·科塞、政治哲学家赫伯特·马尔库塞，还有精神分析学家亨利·兰德，以及心理学家里卡多·莫兰特。这个朋友圈子维持了长达十五年之久。马斯洛幽默的谈吐、机智的反应常常令朋友们乐在其中，同事们愿意花上好几小时听马斯洛妙语连珠地讲述奇闻趣事。但是，在专业上同事们并不推崇马斯洛的研究，始终觉得他的想法太过天真、不成体系，他们在学术上的交流其实是比较少的。他们甚至觉得马斯洛常以救世主自居有些荒诞，并对他漠视政治、不屑出国感到惊讶。尽管如此，马斯洛并不十分介意这些分歧。总的来说，他和这里的同事相处得还是不错的。

但在这里，马斯洛与学生们的关系就不那么融洽了。这种情况与他在布鲁克林大学的那些年正好相反，那时候他更喜欢和学生待在一起而不是同事们。布兰代斯大学的学生大多来自富裕的犹太家庭，他们缺乏像布鲁克林那些来自中下阶层家庭学生的那种动力和雄心。而且，此时的美国已不再是战争岁月的混乱不堪、百废待兴了。美国的经济正在走向繁荣，城市不断扩大，学生们更多地考虑如何享受生活而不是艰苦奋斗。他们表现出的自鸣得意和故步自封让马斯洛十分厌恶。部分原因也是马斯洛对学生们的期望过高，不仅要求他们出色地完成学业，更希望他们能够不断地提升自我价值，走上自我实现的道路。

马斯洛与自己研究生的关系更是问题重重。他没有采取传统的教授方式，而是给予研究生很大的自由空间，让他们独立选题并进行研究。马斯洛觉得这样才是培养人才的真正方式。这对于那些满怀斗志的学生自然效果不错，但更多的学生直呼苦不堪言，因为他们几乎得不到马斯洛教授的任何指导，顶多是一些粗略的提示。但是，马斯洛对所有的研究生有一个统一的要求，就是在他们发展自己研究兴趣之前，必须学习统计学和实验设计这些心理学的基础课程。这令很多研究生倍感沮丧和困惑，他们中的很多人都是因为马斯洛对动机与人格、自我实现等创新性的心理学领域的研究慕名而来的，况且马斯洛还曾发表过文章抨击这些心理学的传统科目。马斯洛倾向的长时间阅读和独立思考的研究方式更加使他和学生们的关系渐行渐远。学生们对马斯洛教授的高要求和无指导的教学方式很不满。

第 7 章

高峰体验的提出

一、高峰体验的调查研究

在布兰代斯大学任职期间,马斯洛的研究兴趣逐渐转向一个新的心理学概念。在不久之后,他将之称为高峰体验(peak-experience)。马斯洛在很早的时候就开始注意这一神奇的现象了。尤其是在先前对自我实现的研究中,他发现大多数的自我实现者都有过这样或那样的神秘而狂喜的体验,这种体验有的来自做爱,有的来自对大自然的欣赏,还有的源于对音乐的痴迷。马斯洛觉得他又触及了一个全新的领域,并认为这种现象和人类的至善天性是密切相关的,无论别人如何看待这一貌似涉及宗教边缘的问题,他都决定认真地探索下去。

在研究初期,马斯洛大量阅读了有关神秘主义、宗教、艺术、创造、爱等方面的书籍。其中也包括许多东方宗教思想的材料,例如,印度哲学家 J. 克西那莫提的《最初和最后的自由》,禅宗的普及者、英国神学家艾伦·瓦茨的《不安全的智慧》,还有中国道家的一些思想等。

随后，马斯洛对高峰体验的研究选择了一种现象学的方法。他同八十个人进行谈话，并对一百九十名大学生做了调查问卷，让他们描述自己所经历过的神秘、着迷和极乐的体验。他曾在问卷的指导语中这样写道：

我希望你想一想你生活中最奇妙的一个体验或几个体验：最快乐的时刻，着迷的时刻，销魂的时刻；可能是由于恋爱，或者由于听音乐，或者由于突然被一本书或一幅画所震撼，或者由于某种巨大的创造契机。首先列出这些体验。然后，请你尽力告诉我，在这样的瞬间，你的感受如何？你这时的感受同其他时候的感受有何不同？在这种时刻，你是否觉得自己在某些方面变成一个全然不同的人？

马斯洛还邀请自己所认识的自我实现者写出个人报告。此外，他还曾受到五十位读者因看过他发表的论文而主动陈述个人高峰体验的来信。马斯洛综合了这些各方面收集的资料，对高峰体验这一概念的探索初见端倪，他十分满意这一阶段的研究成果。他曾这样描述高峰体验：

这种体验可能是瞬间产生的、压倒一切的敬畏情绪，也可能是转眼即逝的极度强烈的幸福感，甚至是欣喜如狂、如痴如醉、欢乐至极的感受。

最重要的一点也许是，他们都声称在这类体验中感到自己窥见了终极真理、事物的本质和生活的奥秘，仿佛遮掩知识的帷幕一下子给拉开了……突然步入了天堂，实现了奇迹，达到了尽善尽美。

马斯洛决定将这一研究成果公开发表。然而，出乎意料的是，几乎所有的美国心理学会的权威杂志都拒绝发表他的这一成果。马斯洛虽然有些震怒，但并没有因此而挫败，他决定要在即将召开的美国心理学会全国会议上宣读他的这篇题为《高峰体验中的存在认知》的文章。这是因为他刚被选为美国心理学会中极具权威的"人格和社会心理学分会"的主席，在大会上作演讲无须征得他人的同意。

二、高峰体验的特征

1956 年 9 月 1 日，马斯洛在大会上宣读了他的论文。在演讲中他描述了高峰体验的主要特征：

1. 产生的突然性。高峰体验的出现是突如其来的，没有任何预兆的。我们也无法凭借意志的力量去强迫、控制或支配它。我们只能任其自然、不加干预、彻底地放松自己，完全被动地去感受，才能进入最易于形成高峰体验的精神状态，使它们作为一种副现象出现。只能说，较好的人和处于较好环境的人更容易产生高峰体验。

2. 程度的强烈性。高峰体验是一种压倒性的、极度强烈的奇妙和敬畏的感觉。可以说是如醉如痴、欣喜如狂、欢乐至极，达到一种忘我的境界。

3. 感受的完美性。在高峰体验的时刻，世界好像一下子豁然开朗了，自我进入了一个更加接近天堂的领域，认知和领悟都在这一瞬间达到了飞跃性的提升。人性的可能性与现实性、自我与自然、社会合一的"剧烈的同一性体验"。自我形象也在此刻更加优美、聪慧、敏感和完整了，仿佛自己突然之间变成了一个尽善尽美的人。

4. 保持的短暂性。高峰体验是突如其来的，同样也是转瞬即逝的。虽然它的影响能够长久存在，但这种狂喜的体验是短暂的。这大概也是人们为何如此神往的原因之一。

5. 存在的普遍性。一开始，马斯洛仅将这一神秘体验看作自我实现者的人格特征，但其后，马斯洛逐渐发现事实并非如此。高峰体验并不是自我实现者的专利，也不是僧人、圣徒、瑜伽信徒、禅宗佛教徒等深居简出的人所独享的。它是每一个普通的人在诸如审美体验、爱情体验、创作体验、性欲高潮体验、顿悟体验中或多或少能够感受到的。只不过自我实现者经历高峰体验的频率要比普通人多得多，程度也要深得多。

三、高峰体验的意义

在文章的最后，马斯洛还谈道，在清醒后，高峰体验常常给人们留下丰富的、有影响力的效果。这种后效绝不会稍纵即逝，有的时候能帮助人们作出重大的决定，甚至影响终身。

首先，高峰体验可能也的确有某种治疗效果，帮助人们祛除某些不良的心理症状。这很可能与高峰体验时的身心反应有关。在高峰体验到来之时，周遭犹如转换成了世外桃源，真理、善行、美好、正义展现眼前，证明我们的生命之中有的不仅仅是单调、枯燥和不尽如人意。这会使人们在感受高峰体验之后，调整情绪、唤起活力、信心倍增，心境较之前大为改观。在此，马斯洛还进一步指出，这种治疗的转化经验虽然在历史上的记载很多，但迄今为止并没有得到心理学家和精神病学家的注意。

其次，高峰体验具有改变世界观、人生观和自我观的作用。高峰体验或多或少改变了人们对于世界的看法，世界在个人的心中往往变得美好些了。并且个体意识到自己和他人生活在同一个世界中，可能拥有着很多相似的经历和主观体验，这使得个体对他人的看法和彼此的关系都变得更好了。一名研究对象感慨："我知道生活可以是美妙的，值得我活在世上；在那些冷酷的日子里，我就竭力回忆那些美好的瞬间。"同时，高峰体验能使人改善对自己的看法，不断发现自己的巨大潜能。例如，一名女性研究者曾这样描述高峰体验后的自己："世界变得美好了，我也变得和善了。我很少像现在一样敢于表现自己的想法、大胆地作出决定。同时，我感到现在的自己更加富有同情心、更加宽容和体恤别人。"

再次，高峰体验可以激发人的"原初的创造性"。马斯洛认为，高峰体验中的人们更加优美、敏锐、果敢和富有智慧。这将有助于将自我从压抑和防御中解放出来，表现出人类原本的自发性和创造力，充分发挥自己的主动精神和自由意志。

马斯洛的这篇超凡脱俗的论文，并没有任何的统计学基础和实验设计作为依托，仅仅是在理论上对未知领域的一次大胆探索。尽管如此，很多思想开放的学者还是很快就给予好评，肯定了马斯洛的研究贡献。也有一些人认为这仅仅是一项有趣的思考，并不能说明什么重大问题。但更多正统的权威人士都认为这实在是一篇离经叛道的文章，甚至有些神秘色彩。因此，马斯洛的高峰体验虽然在 20 世纪 50 年代中期就公开演讲了，但在当时并没有引起太大的反响。

第 8 章

自我实现理论的拓展

一、自我实现理论在儿童教育方面的观点

马斯洛始终没有停止过对引起社会争论的自我实现理论进行深入的思考。马斯洛提出一个重要观点，即我们在儿童时期，需要强有力的外部控制来引导我们内部的正常发展。马斯洛很可能是在 20 世纪 30 年代后期，非正式地师从心理病学家阿尔弗雷德·阿德勒之时产生这一观点的。阿德勒认为"溺爱"孩子对于他们的社会文化情感的成长极为有害。

在马斯洛写于 1957 年的一篇未发表的短文中，阐发了他对教育儿童的看法："儿童，尤其是幼儿，非常需要甚至渴望来自外部的控制、决断、纪律与安定……如果没有明确的外部限制，儿童会感到恐惧，好像突然有人要求他们肩负起成人的责任。"我们总是觉得儿童似乎很想得到绝对的随心所欲的自由，并且仿佛对外部的承认的控制很反感，但事实上儿童会认为在自己面前坚持立场的成人，才更让他们有安全感。"儿童需要坚强、果断、自主、自重的父母，否则就会感到恐惧。孩子们

需要一个公平、合理、秩序井然、可以预知的环境，而这种环境只有强有力的父母才能够提供。"

马斯洛还谈道，自我实现的人并不是排除了所有的困难和麻烦，他们仅仅是那些生理、安全、归属和尊重都获得了满足的人。并且，自我实现是没有终点的，他们最大的麻烦就是自身所具有的优势。例如，如果你比自己的家庭成员生活得更幸福、更满足，那么你怎样与他们友好相处？你怎样避免使你的亲人，尤其是孩子在与你相比时感到相形见绌？学会正确面对成功，学会在别人的羡慕或妒意甚至敌意面前欣赏自己的天赋和成绩，这是自我实现者面临的最大难题。同时，自我实现者还必须面对一种"高处不胜寒"的孤独与寂寞。

二、和尚能自我实现吗

马斯洛在对自我实现理论进行长期系统的思索中，开始试图探索这一理论的跨文化的有效性。在一篇大约写于 20 世纪 50 年代末，题为"和尚能自我实现吗？"的日记中，马斯洛对东西方不同文化中自我实现的种种差异，提出了富有洞察力的推测。马斯洛认为："东方和尚的精神和谐只发生在一个很狭小的范围内，远没有达到既在自身内部协调，又与复杂的外界相统一的境界。为了精神的和谐和宁静而放弃外部世界，也就是逃避和拒绝整个世界，这归根到底还是一种不真实的形式。""这样的生活同时也意味着放弃进入更高境界的机会。在有组织的宗教中，独身生活基本上是一种保证平安无事的手段，并没有促进成长的作用，它试图避免危机，而不是面对和战胜危机。""东方僧人对外部世界适应是通过'脑白质切除术'（早期精神外科手术的一种，于 1935 年由葡萄牙精神病学家 Moniz

和神经外科医师 Lima 合作发明，它能让病人减少冲动攻击行为，变得温顺，但患者从此就成了另一个人，不但记忆力、智能下降，而且出现人格缺陷。Moniz 在 1949 年因此获得诺贝尔医学奖，但几年后，这项手术即被废止)，对一切加以'了断'，而不是通过逐渐扩大自己的控制力使自己变得越来越强来适应这个世界"。并且，这些僧人的内心宁静是以无视他人的艰辛为代价的。在这里我们必须注意的是，自我实现是以对外在世界的依赖为基础的，个人内心的平静和外部世界的安宁是互为条件的。

三、性别与自我实现

在这段时期，马斯洛还把很大一部分注意力投向性别与自我实现的问题。马斯洛想探究的是，由于性别的不同，男性与女性是否会选择不同的自我实现道路，那么影响他们选择的因素是生物因素还是文化因素。自从 20 世纪 30 年代马斯洛对女性支配行为和性行为进行开拓性的研究以来，马斯洛就一直是妇女权利的倡导者。他不同意弗洛伊德观点中对女性的贬损，与之长期接触的露丝·本尼迪克特、卡伦·霍妮、玛格丽特·米德都是充满智慧的女性，马斯洛对她们都极为赞赏。

马斯洛在性别对自我实现的立场上还是有些复杂的，这也是马斯洛对此研究多年、累积了很多笔记，却仍没有发表的原因之一。马斯洛清晰地知道男性与女性的心理差异绝不仅仅是由于生殖器官的不同，但随着马斯洛对人类天性和潜能的生物学观点逐步加强，他也不愿意全盘接受两性在情感和行为中完全没有区别。马斯洛相信男人和女人的自我实现的发生情况是不同的，我们决不能用要求男性的"成功标志"去衡量女性，女性也不应该为了寻求和改善自己的经济地位抛弃自己的模式而转向男性模式，那将会是一个错误和遗憾。两性应该随其天性去追寻自己的自我实现途径，这并没有高低贵贱之分。

马斯洛还强调自我实现的综合特质中，既包含"父性"，也包含"母性"。男性与女性虽然会选择不同的自我实现道路，但他们会越来越倾向于超越单一的男性特质或单一的女性特质，朝着一种普遍人性的特质去迈进。真正的自我实现者既拥有坚强、果敢、有创造力和敢于说"不"的传统上的男性特性，也包含温柔、随和、宽容、被动和善于接受的女性特征。

四、初涉管理领域

随着马斯洛自我实现理论的不断充实和壮大，许多领域都对他投来了关注的目光。尤其是企业界的领导们开始认识到，对于他们聪明的员工来说，金钱的魅力正在逐步降低，如何招聘和留住称职的员工成为现代企业管理的凸显问题。老板们不得不开始探究员工的工作动机，迎合他们的需求，努力为员工提供一种顺应他们自我实现的企业文化。马斯洛曾研究广告中用来吸引专业人员、管理人员或者领导层人员的用语，他不仅注意到了钱，而且还注意到了他称之为"更高需求"的内容。反映在招聘广告中的更高需求，指明是友好的同事、舒心的工作环境、及时反馈、自由和自主，有实现个人主张的机会，人们会为之感到自豪的公司，一个会有变化机会的地方。例如，常常会看到招聘广告上这样说："我们提供的不仅仅是一份工作，更是一个实现人生梦想的机会""非现金性的报酬会给你带来更大的快乐"，等等。

马斯洛对"在企业管理中如何为员工的自我实现提供条

件"这一问题提出了颇有见地的看法。在人类的天性上，每个人都是痛恨无聊的，企业不断赋予员工新奇的、有点难度的工作都会调动起他们的热情和挑战自己的动机。企业的管理者更多地提供进修学习的机会，不仅可以增强员工的兴趣，也能够提升企业的生产力。当然，最为重要的是，管理者在关心员工诸如生理、归属感和人际关系方面的较低层次需要的同时，也要关注他们的高层次需要，例如，价值观和理想等。

然而，比较有趣的是，企业管理者虽然对马斯洛的这些观点的重视程度日益提高，但他们却不是真正意义上的人本主义者。他们切实关心的是企业的资产利润状况，其更喜欢将激发员工的工作动机和满足员工的需求作为人力成本放入资产负债表中，以谋求最大程度的利益。实际上，企业主越来越清晰地认识到，最大化地满足员工的需要是与最大化地实现企业的利益成正比的。这也印证了马斯洛的另一概念——协同作用（Synergy），个人利益和团体利益是可以相得益彰的。

20世纪50年代中期，马斯洛由于对创造力的研究在学术界之外获得了全国性的声誉。因此，不少公司企业和政府机构求助于他，希望在自己的雇员中培养创造性，特别是在技术、研究和开发方面。1954年夏天的为期一周的顾问工作让马斯洛印象深刻。这是马斯洛第一次当顾问，他的工作是帮助亚拉巴马州麦克斯韦尔空军基地的官员们增强解决问题的能力。出乎马斯洛意料的是，这次工作让马斯洛深受震撼，他对军官们的意志坚强、处事果断、纪律严明产生了深深的敬意。这些品质与学术圈内学者们的不善交际、满腹牢骚大相径庭。这也让马斯洛感受到一个崭新的、严谨的、充满挑战的、令人鼓舞的现实领域，为马斯洛的深入实践研究打开了闸门。

此后，马斯洛不断接到这类顾问工作的邀请。他十分欣喜这些工作能给他的家庭带来经济上的改善，更重要的是马斯洛逐渐迷上了这类工作。这不仅能够让他在各种领域汲取养分，更是对他理论的现实检验，马斯洛乐此不疲。一时之间，马斯洛得到了越来越多圈外人士的追捧，认为他是这一崭新领域的权威；可圈内人士却迟迟不愿意接受他这一看似还不够成熟的观点。于是，马斯洛就哭笑不得地成了"圈外红人"。

五、创造力的"领跑者"

弗洛伊德主义者和行为主义者向来对人类的创造天性缺乏兴趣，而马斯洛有关创造力的研究填补了传统心理学多年以来的空白。不过，这项充满活力的研究也并不是在一开始就受到十分广泛的关注。直到 1957 年秋天，苏联成功发射了人造地球卫星，美国各界人士才猛然惊醒。尤其是美国的教育家和实业家，迅速地将注意力转向如何培养创造力的问题上。因此，创造力的相关问题仿佛在一夜之间流行开来，成为一种时尚，令众人争相追捧。

毫无疑问，马斯洛成为这场创造力浪潮的"领跑者"。每每举行有关创造力的演讲，都会受到热烈的欢迎与好评。很多专业团体也纷纷邀请马斯洛前去讲述和探讨创造力的问题。马斯洛常常以美国的男性为例，强调僵化的社会期望与自我认同都会阻碍创造力的激发。美国的男性总是认为敏感的艺术感受力、富有幽默感、细腻的情感以及富于幻想都不应是男子汉所应具有的，他们甚至害怕自己的创造力的冲动，将其看成一种女子气倾向，甚或是同性恋的标志。

殊不知正是这些自然的、敏感的冲动，发自内心的欢笑与宣泄，自由开放的恋爱才是激发创造力的原动力。创造力孕育于轻松与开明之中，任何人类原本美好的品质都不应被无端压抑。马斯洛还大胆地指出，当下美国的官僚体系惰性的沉闷气氛中是不可能培养创造力的。任何一个大规模的组织都有一种压制个人自我表现的倾向。生硬的命令、不近人情的口号是无法帮助美国在科学进步中占领领先的席位的。那些近乎被训练成生产线上的"木偶"的工人是极少具有创造力的，他们身上的创造力早就在层层的管理与驯服下所剩无几。可以说，在循规蹈矩的 20 世纪 50 年代，马斯洛是少数几个敢于直言的著名心理学家之一。

同时，马斯洛也觉得必须指出的是，人们对创造力的关注固然是可喜的，但长期的僵化体制突然被释放时，有可能会产生一种暂时混乱的现象。正如 1957 年他在一次为美国军队工程师举办的讨论会上宣称："在创造力发挥的早期阶段，你会成为一个浪荡鬼，会变得奔放不羁，甚至会发狂。"

第9章

墨西哥的休假与酝酿

一、悠然自得的休假生活

在布兰代斯度过了六年朝气蓬勃的生活后，马斯洛渴望休息，并希望改变一下环境。1958年年初，马斯洛与贝莎决定用即将到来的夏天和长达十四个月的休假时间做一次出国度假，地点是墨西哥的库尔纳威卡。选择墨西哥是因为这里的物价要比美国所有的城市都便宜，用相当低廉的价格就可以享受到十分舒适的待遇。而库尔纳威卡是墨西哥著名的旅游城市，气候宜人、风景优美。夫妇两人驾车穿越国界，来到这里，租下了一套别墅并雇用了一名女仆，开始了悠然闲适的度假生活。

沐浴在墨西哥温暖的日光下，静静地坐在别墅的游泳池前，手捧一本喜爱的书籍，马斯洛觉得快乐极了。这几年来，心理学系主任的职务让马斯洛能够按照自己的意愿与热情带领整个系不断地成长，这固然是兴奋并值得骄傲的，但长期琐碎的行政事务让马斯洛逐渐产生了倦怠之情。来到这里，他终于可以抛开外界的各种各样的责任和繁复的人际应酬，专心地沉醉于一分淡雅、一刻深思。不久后，女儿安的到来，排遣了马斯洛仅有的一点寂寞，一家人在一起十分温馨。

马斯洛爱极了这种无固定日程、没有预先设定时间限制的生活节奏。走到哪里，随处思考，并掏出小卡片记录下思想的碎片，即使开车的时候也不例外，他会忽然间把车停到路边，完整地写下所想再继续前行。有的时候，贝莎与女儿出去游玩，他自己一个人独自读书、思考，却自得其乐。也是在这段时间，马斯洛开始进一步关注有关存在主义的书籍，尤其是新近很多被翻译成英文的欧洲存在主义的书籍，这让马斯洛沉浸其中，如痴如醉。

二、"自我实现"的新启示

8月下旬，马斯洛暂时离开了自己的隐居地，出席在墨西哥城举办的"国际一般语义学会议"，在会议上结识了迪亚斯-格雷罗。迪亚斯-格雷罗是一位不到40岁的跨文化学者，他的幽默风趣让马斯洛印象深刻。他们一见如故，经常在一起讨论共同感兴趣的话题，彼此碰撞出思想的火花。两人也曾热烈地探讨不同文化背景下的自我实现形式的问题。迪亚斯-格雷罗对此有着独到的见解，他认为"自我实现虽然是在大范围内普遍存在的现实，但它的具体表现形式在不同的文化背景下不可避免地有所不同。北美的自我实现者也许具有自主性以及强烈的对于个人隐私的需要的特点，但在墨西哥的自我实现者则可能更信奉一种为家庭成员、朋友及公众服务的观念"。

这使马斯洛深受启发，猛然意识到自己创立的自我实现理论是西方式的，甚至只是美国式的，但这并不是自我实现的唯一形式。不同文化背景下的人们会沿着他们内心更向往的方式、抑或是自身文化阈限内可被接受的方式，去寻求自身最高的自我实现的需求。也许西方人更注重自由与实践，东方人则比较青睐安静和冥想。而且，并不是每个国家都可以像美国一样提供一个有建设性和创造性的社会氛围，某些受到文化压制的个体往往会另辟蹊径，用神思、冥想或是绘画、作诗的方式阐发他们自我实现的追求。

三、休假期间的社交活动和学术活动

马斯洛在度假期间的社交活动并不多，但与住在墨西哥城的埃里克·弗洛姆夫妇的会面是在计划度假时就向往的。再次见到这位 20 世纪 30 年代后期的良师益友，马斯洛兴奋不已，他们又聚在一起热烈地讨论了。但弗洛姆并没有像马斯洛一样将思想倾囊而出，总是有所距离和保留，这让马斯洛略感失望。马斯洛夫妇在这宜人的气候和美丽的景致中感到非常快乐，可是女儿安却越来越感到厌烦和乏味。最终她决定离开父母，返回纽约，那里有她的朋友们。

自 1959 年 3 月起，马斯洛开始坚持记日记，这个习惯在他的余生中一直没有间断过。马斯洛意识到自己一直都不是一个具有系统性的学者或科学家，而更像是充满火花的思想家。他缺乏一种严密的做学问的方法，先前他的精神分析医师费利克斯·多伊奇和他的朋友、精神分析学者哈里·兰德都这样提醒过他，马斯洛却觉得，作为开拓者，这样的方式无伤大雅，并没有因此而改变自己的研究风格。但此时的马斯洛觉得卡片式的记录方式有些纷乱了，他更希望用具体的事件叙述他的思想。令我们感到惊奇的是，只有 51 岁的马斯洛开始担心他的很多想法在有生之年很难全部完成，他希望用日记的方式告诉后来人，让他们去继续这些未完成的研究。

这些年来，越来越多的演讲邀请使马斯洛在经济上不再拮据，但他认真思考和著书立说的时间却显得捉襟见肘了。由于演讲稿都是有时间和篇幅限制的，马斯洛不得不像一个多产的制造机将它们迅速地生产出来，但这些文章并没有完整地道出马斯洛的思想。虽然如此，为了两个女儿的大学学费，马斯洛不得不继续接受持续不断的演讲邀请。久而久之，也形成了马斯洛无拘无束、富有激情的演讲风格。

在驱车返回波士顿的途中，马斯洛夫妇在辛辛那提停留了几天，参加了美国心理学会的年会。马斯洛参加的是存在主义心理学的专题研讨会。这个研讨会是他协助组织的，参加者还有阿尔伯特、罗洛·梅、卡尔·罗杰斯等著名学者，他们彼此都很熟悉。从某种意义上讲，他们都把自己看成是使心理学这门科学人性化的先锋。对存在主义的关注与思考，让马斯洛很想在这次大会上对同行们说些什么。马斯洛希望心理学界的学者们看到欧洲的存在主义不仅仅是一种哲学思辨，同时也是有现实意义的。存在主义中包含着有关心理学的内容，它提醒我们对现实的关注，对个人独特性的探索。存在主义在丰富现有心理学的同时，还促进一种充分发展的真实自我的心理学分支的建立。这就是不久之后萌发成长的被称为"人本主义心理学"（Humanistic Psychology）的新学派。这是由马斯洛参与创造的术语。

的感觉，而不是无力和被动之感。进步管理也假定人人都喜欢当一个主要的操作者，而不愿当一个被动的助手，一个工具，或是一只漂在浪尖的瓶塞。每个人都很愿意感觉自己是重要的，感觉到有人需要他，感觉自己有用，很成功，很自豪，很受人尊敬，而不是一个可有可无的零件或废物。

再次，进步管理力争在公司的内部营造一种和谐民主的氛围，而不是丛林（弱肉强食）或者权力意义上的控制与从属层次。假定所有人都愿意认同公司的终极管理目标，不受他们在组织的不同位置和各自的需求层次所左右。

还有，在进步管理理论中，假定每个人都有一种改进事物的倾向，人们都希望把事情干得越来越好，人人都情愿工作而不是赋闲，所有的人类都愿意做有意义的工作而不是无意义的工作；同时，人们都情愿做一个独特而不是平庸、完整而不是支离破碎的人，并且他们有足够的勇气来做这些进步的事情。进步管理理论还假定每个人都喜欢公正公平地被人欣赏，最好是当众被人欣赏。当然，他们还拥有特殊意义的"崇敬的能力"，能完全客观地，不仅崇敬别人的能力和技巧，而且也包括对自己能力和技巧的崇敬。尤其是那些发育相当完善的人，他们宁愿创造而不是毁灭，宁愿兴趣盎然而不是无聊度日。

最后，值得注意的是，在进步管理理论中，每当谈到人类天性中一个好的倾向时，还必须假定，有一种相反的倾向也在发展。必须承认，有可能存在具体的病态人格。当然，与此同时，也应该对病态现象以及公司内出现的敌意或攻击现象作出甄别。有的敌意有可能就是目的本身，但如若这种敌意只是一种手段，即它是来自于一种反应而不是天生的，那么它在本质上就不是邪恶的。换个角度看，这也许还是一种真诚的表露，是不满的坦率表达。

第 10 章

高峰体验的深化与超个人心理学的建立

一、高峰体验对健康的意义

墨西哥的休假结束后，马斯洛回到了布兰代斯大学，开始将精力集中于研究人本主义这一主题上。马斯洛认为人本主义的提出将是对现有心理学界的一次挑战，同时，将价值观融入心理学的研究范畴也是他一直以来的夙愿。然而，作为系主任，行政上纷繁琐碎的事务日渐让马斯洛感到厌烦，他内心常常被作为系主任的责任感和自身的阅读、研究兴趣折磨着。终于，在 1961 年的 5 月中旬，马斯洛下定决心辞去了布兰代斯大学心理学系主任的职务，把它交给自己的朋友卡德·莫兰特，以便抽身出来专心地构筑学术生命的塔楼。可能是由于某些健康的原因，马斯洛从这个时候起也戒烟了。

在为人本主义的摇旗呐喊中，马斯洛再次肯定了高峰体验对于个人的精神健康有许多重要的意义。例如，他在理论上证明了各种形式的自我毁灭行为，包括吸毒等行为，都可以通过引发内部的"高峰状态"而得到医治。在一篇写于

1960 年 10 月未发表的文章中，马斯洛讨论了高峰体验对于健康的意义。

高峰体验之所以对我们的情感健康如此重要，原因之一在于高峰体验为我们提供了一个高潮，一个完全宣泄和释放的机会……没有高潮，人类怎么能够得到休息与拥有平和的心境？怎么能够享受真正的而具有存在性价值的娱乐？没有高潮以及各种形式的高峰体验来提供一种完成感，我们就会总是感到自己处在游移不定的中间状态……无论做什么事情，我们都如同一直在山腰攀登，永远达不到顶峰，得不到休息。

同年，马斯洛参加了在芝加哥举行的美国心理学会年会。在会上，他被选为美国二十位最有创造性的心理学家之一。这让马斯洛颇为欣慰，自己长期的努力终于得到了一些同道的认可。但他仍谢绝了大会提名他为美国心理学会全国委员会成员以及社会问题心理学研究会会长的邀请，因为这些职务将需要做额外的行政工作。此时的马斯洛一心扑在自己的研究兴趣上，不想被任何东西牵绊。

二、宗教学的启示

令马斯洛意想不到的是，他的高峰体验论受到了许多宗教人士和神职人员的顶礼膜拜。他们经常以一种近乎"组团"的方式，来观摩马斯洛的一系列演讲，对于马斯洛高峰体验中诸如狂喜、神往、顿悟等概念极为赞赏，甚至在多次演讲结束后争先与马斯洛进行探讨。由于马斯洛的早年经历让他对宗教一直持一种轻视甚至将之等同于迷信的态度，所以宗教人士对其的"追捧"在马斯洛看来有些哭笑不得。但随着与这些宗教人士的交往，马斯洛深深感受到了他们的敬意与智慧，这不仅悄悄地改变了他对宗教的刻板印象，同时也使其开始注意将宗教智慧融入思想体系。

1964 年秋天，马斯洛的《宗教信仰、价值观和高峰体验》一书出版了。这本书是马斯洛 1963 年经过胆结石手术、身体恢复后开始构思准备的。该书的出版受到了普遍的欢迎。人本心理学家、自由主义神学家以及牧师都赞扬这本书有关人性的精辟观点，以及它对于世界主义、伦理和非超自然主义的强调。在这本薄薄的小册子中，马斯洛着重强调了高峰体验对于有组织的宗教的重大意义，他将其称为宗教的精华。他指出："对高峰体验的研究清楚地证明宗教信仰能够被我们以理性的和科学的方式接近，高峰体验反映了我们对于沉睡在心灵深处存在价值（Being value）的真实感知。"所谓存在价值是人类内在的终极价值。例如，真理、美、公正等。

宗教信仰的力量是值得我们这些在生活中疾步快走的人细细品味的。社会中的传统价值与现代元素碰撞后，正在分崩离析，而新的价值体系并没有随之建立起来。马斯洛反对剥夺宗教信仰，他虽然否定宗教中的来世说和人格化的上帝，但其强调信仰的力量。现代社会中的人们被可怕的失落感充斥全身，他们像宗教人士一样渴望拥有一个价值体系，希望被信仰的力量包围着、鼓励着。人们需要一种更广泛的科学帮助他们建构一套新的价值框架，这也是马斯洛建立超越性心理学的初衷。

三、超个人心理学的建立

1965 年夏季，在心理学系，马斯洛感到自己在政治观点上和学派上都越来越孤立了。同事和学生们不喜欢他看起来过于温和的政治观点，并且整个心理学也正逐渐变得更加传统化，更加注重实验主义。除此之外，尤其让马斯洛感到烦躁不安的是，他开始发现人本主义心理学存在一些局限性，是需要一种新的、致力于研究信仰和精神性的"第四种思潮"（Forth Force）的时候了。在 7 月 12 日的日记中，他写道：

> 第三种思潮（Third Force）即人本主义心理学就像在瑞典、挪威和丹麦一样，在那里没有上帝，上帝死了，因此每件事物都是可感觉到的、合理的、符合常识和逻辑的，都是实证的而不是超越性的。你可以羡慕和尊重斯堪的纳维亚，但你不会热爱它，更不会崇拜它，在那里，世俗的、合乎理性的智慧能做到的每一件事情都已经做了，但这是不够的！

不久之后，马斯洛便创造了"超个人心理学"（Transpersonal Psychology）这一术语。这是他在人本主义心理学基础之上建立的一种研究方法，旨在把人的精神放在一个广泛的人类本性与潜能的框架中来研究。它被称为心理学的"第四种思潮（力量）"。为了促进这方面的研究，马斯洛还帮助创办了杂志，发起和成立了一个协会。

四、幽默的重大意义

1961 年年初，马斯洛参加了一个在佛罗里达大学举行的关于人格理论和心理辅导实践的第一次年会。在会上，他发表了一篇题为"关于心理健康的一些新问题"的演讲，这是他最引起轰动和使人兴奋的演讲之一。整个演讲妙趣横生，马斯洛用风趣与轻松的风格向大家传递幽默和自嘲对心理健康的重要作用。他除了指出真正的内心的成长是一个贯穿终身的过程这一论点外，还谈到幽默在振奋人们心情的方面常常会给我们带来意想不到的美妙效果。其实，马斯洛在较之略早一些的 1959 年 5 月 18 日的日记中就已经有了不俗的见解。在这则题为"幽默的意义"的日记中有着这样精彩的表述：

玩笑可以使人在傲慢的同时保持谦卑，因为人可以嘲笑自己的趾高气扬——这种嘲笑使傲慢变得可以接受，而不至成为妄想狂和自大狂，傲慢也因此不会是一种罪过。幽默感允许我们保持为完成某一事业而必需的骄傲。……你必须持有足够的自我贬值能力和距离感……

大多时候，马斯洛是以一种近乎"可爱"的目光来打探周遭的世界，因此，他也带着独有的睿智发现了自我实现者的"可爱"、历史伟人的"可爱"，抑或是神的"可爱"。他很奇怪人们为何要将伟大的人和一张严肃、刻板的面孔联系在一起，甚至在心目中将他们概念化为不食人间烟火的神像。通过资料阅读和周遭的观察，他发现真正的历史伟人和自我实现者才是拥有"大幽默"的人。他们的幽默与自嘲不仅给人快乐，更引发哲理与启迪。马斯洛曾说道："如果人们能够对自己受压迫的不合情理的事实和荒谬进行嘲笑，他们在心理上将更加富有。"这不禁让我们想到了鲁迅先生笔下阿 Q 的精神胜利法，单从这一点上来看，东西方的文化大师都对人性有着深层的透视。如果说幽默在弗洛伊德的眼中是一种成熟的防御机制，那么在马斯洛的体系中它有着更为重大的意义，马斯洛这样说道："当没有了幽默，离偏执狂就不远了。"

五、幸福心理学

在马斯洛富有影响的职业生涯中，他一直认为现代心理学忽略了人类人格的许多重要的方面。关于这些方面，他常常提到利他精神、审美、创造性、圆满、正义、爱、真理的情感需要和能力。关于这些触动人类心灵的主题，马斯洛总能以一种超越两极性的态度带给人们极富洞悉力的见解，像一缕午后的阳光射入心田，暖暖的却引人思索。正如我们通常单纯地将快乐与痛苦、笑声和泪水泾渭分明地割裂开来，非此即彼，而充满智慧的马斯洛先知般地告诉我们这两者的水乳交融。"在任何极度的幸福体验中，都同时伴有悲伤的一面。快乐潜伏在痛苦之中。狂喜和痴迷的极端幸福内在地包含有悲伤和痛苦的元素。用一种离奇的方式说，这种悲伤是美好的。如果我们把它去掉，也就摧毁了高峰体验。"正如一位自然分娩的孕妇，痛苦与惊喜在她的身体和心灵中演绎波涛汹涌。又好比一名潜心多年著书立说的学者，当巨著终于出版的那时，有的不仅仅是巨大的成就感，更有随之而来的沮丧和不安。

这样的解读幸福与痛苦的方式，让我们对生活中的诸多情境豁然释怀。喜极而泣、怒极反笑都是快乐与痛苦的相互交织，我们要领悟到很多现象并不是非黑即白的，它们的神奇与梦幻就在于自身的复杂和微妙。因此，我们必须改变幸福是一种简单纯净的真空状态。又或者我们是否这样想过，真正毫无限制地让我们整日整夜地去做我们认为会感到幸福的事情，难道我们就永远开心了吗？

马斯洛的一项相关研究显示，人们始终在追求越来越高的幸福体验，而且，毋庸置疑的是，我们确实从这些体验中感受到了幸福和快乐。但这些新奇与激情的程度会随着时间的流逝日渐淡化，甚至消失殆尽。我们不能否认人类是一个不断寻求新鲜体验的物种，我们从本质上是厌恶单一和无聊的。古今中外，曾有多位学者描述过人类的乌托邦，那是一个终极幸福闲适的状态。但在马斯洛看来，这是不大可能实现的。因为有大量的临床证据表明，如果你喜欢钓鱼或者听贝多芬音乐，于是决定退隐，整日沉浸在娱乐中，那么你最终还是会感到痛苦。所以，到了我们摆脱这种古老的错误观念的时候了，我们必须改变幸福是一种永远可以得到的意识状态的想法。

为了能够不断地体验幸福的感觉，也许我们可以通过不断地接受挑战、克服困难，以获得那种真实的情感体验。由于幸福与痛苦本是"同根生"，自我实现者更是能够享受高层次生活中以及创造性生活中的痛苦与烦恼，因为与这些痛苦同时到来的还有那种超越性的幸福体验。"在心理学上有价值的生活并不意味着直接追求快乐。相反，幸福实际上是一种副产品，一种并发症，一种随之而来的东西。能够使自己回过头来意识到自己曾经很幸福的最好方法（即使你当时并没有意识到），就是让自己完全投入一种有价值的工作中去。"这是马斯洛的一篇写于 1964 年 11 月未发表的文章的一段话，对于人们普遍关心的幸福问题，马斯洛给出了如此精彩的论述。

第 11 章

企业管理中的一面旗帜

一、优心态概念

马斯洛是个积极、活跃的体验者，他寻求的高峰体验绝不是去山林隐居以作冥想。在对幸福含义的诠释中，更是确确实实地流露出马斯洛偏爱将追求自我实现、激发高峰体验寓于真正的实践中或一种有价值的工作中。这也是日后马斯洛能够在管理领域有高深造诣的"隐形的翅膀"。

1960 年 8 月，在一次为伯克利的和平基金会举行的广播采访中，马斯洛提出了一个新的概念："优心态群体"（Eupsychia）（也有译作"尤赛琴群体"）或"现实的理想之邦"（realistic utopia）。自从二十年前与黑脚印第安人相处后，那个"美丽的夏天"一直是马斯洛心中的珍宝。有一个问题一直萦绕在他的心头：如何才能形成一种理想的文化呢？马斯洛认为，自我实现的人的确生活在人类的最高层次中，他们普遍具有创造性、利他精神和民主的特质，那么如果由这样一群人组成一个理想的社会，他们的社会文化以及生活秩序将会是怎样的呢？通过与好友弗兰克·纽曼尔的讨论，马斯洛确定了"优心态群体"的定义："由100个自我实现者和他们的家庭组成的建立在一个孤立的（没有其他人）岛屿上的共同体。"

1961年的上半年，马斯洛参与创办的《人本心理学杂志》出版了。这令马斯洛兴奋不已。在随后一年的春天，马斯洛颇有影响力的一部著作《存在心理学探索》也问世了。虽然这是一部学术味道比较浓的书，但销量却异乎寻常地好，在1968年普及版发行前就已经销售二十万册了。通过口口相传，"自我实现""高峰体验"等术语很快便进入了大众词汇当中，不久之后，几乎每一个美国大学生都熟知这些词汇。正是这些大量的崇拜者，加速了马斯洛思想的传播。这也在一定程度上促进了美国20世纪60年代时代精神的形成。

在这几年中，马斯洛也在不断地对优心态的概念进行思考和完善。尤其是在对安迪·凯的非线性公司考察之后，他将很多企业的因素充实到优心态的体系中去。在1965年出版的《优心态管理》（*Eupsychian Management*）（也有译作《尤赛琴管理》）一书中，我们可以看到优心态的概念与企业的理念得到了很好的结合。马斯洛一直都是一个相对乐观的理想主义者，他也十分厌恶半个世纪以来斐德列克·温斯洛·泰勒等人所提倡的机械化管理模式。员工不应该被看作生产线上一个不痛不痒的齿轮，人性的自尊与尊严、人的独特性都是优心态管理所要强调的。

优心态管理在理论上定义为由一百个自我实现的人合作所建立的企业管理制度。这一百个人把积蓄集中起来，投资到这个企业，所以每个人都有同等的发言权。广义上是指一种开明的管理。在一个组织内，每个人的成长和创造力的发挥与这个组织的产品或者服务质量以至整个组织的健康发展都密切相关。在考察非线性公司后，马斯洛兴奋地发现它是优心态管理的一个有效例子，一个积极而又审慎地实现乌托邦的模式。在此之前，马斯洛就一直批评大多数乌托邦著作的反工业化倾向以及小农式的非现实主义，而非线性公司将马斯洛的诸如需求动机理论等理论的最高原则都应用于现代工业中。这让马斯洛大为兴奋，并认为这种工厂的"集体教育"的方式将超越个体疗效对社会改造的效果。下面我们就来看一下是怎样的一个非线性公司带给马斯洛如此大的震动和难以忘怀的记忆。

二、考察非线性管理公司

1962 年 6 月 6 日，马斯洛由于早先受到安迪·凯的邀请，与贝莎一起来到了非线性管理公司进行访问。安迪·凯是马斯洛 5 月中旬在位于加利福尼亚拉约纳的"西方行为科学研究所"结识的好友，作为研究基金的创办者，他非常欣赏马斯洛的自我实现、高峰体验等论点。在马斯洛离开"西方行为科学研究所"之后，安迪·凯立刻向马斯洛发出了书面邀请信，请他到自己的非线性公司进行参观与考察，并允诺此次访问一定是令人兴奋的，马斯洛还将因此得到一笔十分丰厚的薪金。

虽然马斯洛对安迪·凯如此慷慨有些疑虑，对此访问本身也兴趣平平，但面对极度诱人的条件，马斯洛还是欣然前往了。他的工作只是每周需要有一个下午到工厂中访问并与凯交谈，就可以得到一大笔顾问费。而且，马斯洛认为，如果能从顾问工作中获得一些学术上的收获，那自然再好不过了，如果没有，他也可以利用这段时间继续推敲琢磨自己的存在心理学体系，为此，他带上了有关这个题目的书籍、论文等。

安迪·凯 1942 年毕业于麻省理工学院，随后进入了一家制造和检测仪器的公司，由于当时正处在第二次世界大战期间，他每周都要工作近八十个小时。在这里，他初次接触了管理方面的一些知识。二战结束后，安迪·凯又到了位于圣迭戈郊外的索拉纳海滨的比尔·杰克科学仪器公司，出任副总经理。处在这个位置上的他夜以继日地疯狂阅读管理方面的书籍，努力让自己不仅是一个好的工程师，更是一名优秀的管理者。

　　三年后安迪·凯创办了自己的公司，公司的最初产品是商用数字电压表。他将自己的公司称为"非线性系统"，并由于他的独创式管理，该公司很快享誉美国商界。谈到自己的公司，凯丝毫不掩饰内心的骄傲，他的理念是尽量让每一位员工快乐地工作。并坦言，这在很大程度上是马斯洛教授《动机与人格》一书给他的启示。可以说，安迪·凯对这本《动机与人格》如获至宝，奉为圣经。他制定了一套更为人性化的激发员工工作动机的管理体制，除了给员工提供高于圣迭戈工资水平25%的高薪外，还废除了工时卡、销售人员支出账目、惩罚迟到和生病者等旧规定。凯还发现，生产线上的员工都喜欢做最后一道工序，即完成自己的工作后就能够看到成品的产生。于是，他将呆板的大生产线解散成几个小组，员工自行分配岗位和休息时间，还时常为他们提供小组敏感性培训和能力测试，等等。

　　马斯洛被安迪·凯的介绍深深吸引了，他干脆抛下自己带来的关于存在心理学和宗教学的书籍，全身心地投入对工厂的考察中去。在车间里，员工们的确如凯所说在一种民主的快乐气氛中工作着。马斯洛还积极地参与公司和车间的会议，花较多的时间去考察这里的管理培训课程，并时常与凯讨论在这里所发生的一切。让马斯洛着实兴奋的是，他的动机理论和自我实现理论被成功地应用于实践中，这些理论已经毫无疑问地得到了证实。不夸张地说，这里已经接近于一个优心态管理的现实案例。

为了使自己在管理领域有着更为专业的发言权，马斯洛开始阅读管理领域的经典书籍，包括彼得·德鲁克的《管理的实践》、道格拉斯·麦格雷戈的《企业中人的因素》。在这两部书中，关于民主化管理的论述，马斯洛认为相当有说服力并深受启发。而且，他惊喜地发现，两位管理学大师的一些论点和自己的理论信仰不谋而合。在《管理的实践》中有一段话让马斯洛大为振奋：要使工人发展出有效的而不是恐惧的动机是不容易的，但必须这样做。仅仅没有恐惧是不够的，我们还需要积极的动机，例如，恰当的职务配置、高绩效的标准、有助于自我控制的信息、适度的参与感、工人感到自己是公司成员的主人公责任感等。

马斯洛觉得美国的商界如果接受了这样的信念导向，必将引起一次管理革新，这正是马斯洛的人本主义体系的现实信仰。还有，在《企业中人的因素》中，道格拉斯·麦格雷戈创造出 X 理论和 Y 理论两个术语。X 理论假定人们是自私和懒惰的，而 Y 理论相信人类是爱工作和喜合作的。道格拉斯·麦格雷戈认为 X 理论已经过时了，这种理论只有在以维持生存为工作目的的时候才能够发挥作用。Y 理论才是基于时代性的管理学假设，人们普遍需要工作，就像需要休息一样。麦格雷戈十分推崇 Y 理论，相信员工能够自发地展现主动的能力、进行自我控制以及寻求责任感等，成就感和自我实现感能给员工带来远远超越于金钱的心理满足。

这两部管理学著作中散发的理想与恳切让马斯洛欣喜不已。马斯洛后来不断建立的 Z 理论也是以 Y 理论为假设前提的。Z 理论事先假定，人们在达到了一定的经济安全感之后，会要求极有价值的生活，一个能够创造和产生成果的劳动生活。虽然直到马斯洛辞世之时，Z 理论也没有最终完成。但在今天看来，这种进步的管理思想在当时的确领先时代几十年。尤其是在 20 世纪 80 年代，日籍美国学者威廉·大内鉴于美国企业面临日本企业的严峻挑战，从而以日、美两国的一些典型企业（这些企业在本国及对方国家中都设有子公司或工厂）为研究对象，提出了著名的新型管理理论——Z 理论。威廉·大内的 Z 理论是否在一定程度上延续了马斯洛未完成的 Z 理论呢？在这位管理大师的理论中，我们是否可以看到先者马斯洛的思想启示呢？

威廉·大内的 Z 理论不同于"性本恶"的 X 理论，也不同于"性本善"的 Y 理论，他既相信人的主动发展的能力，同时也承认矛盾在公司内部的普遍存在。他所强调的分散与集中决策、融洽管理人员与员工的关系、让职工得到多方面的锻炼，都与马斯洛的理念有着异曲同工之妙。马斯洛提倡让员工参与到公司的决策中来，有助于增强公司的凝聚力和员工的责任感；全面多层次地关心员工的需求，不仅是低层次的生理需要与安全需求，更为重要的是归属与爱、尊重与自我实现这些高层次的需求也要给予满足；不断地给员工提供更多的学习与培训的机会，激发他们的新鲜感和挑战欲，这些都能够从威廉·大内的理论中找到清晰的烙印。

对于自己的需要动机理论与自我实现理论等在各个领域，尤其是管理领域的"大红大紫"，马斯洛受宠若惊的同时，也渐渐地产生了不安和惶恐。作为一个治学严谨的学者，他觉得自己有责任和义务去澄清人们对于这些已经成为大众词汇的"术语"在概念上和程度上的误解。首先，马斯洛强调自我实现绝不是一种固定不变的终极完善的状态。人们把这种状态理解为幸福、狂喜、平静、超越一切的永恒定格，让马斯洛十分担忧，甚至有马斯洛的学生告诉他自己会在未来一个月的某一刻忽然达到自我实现，让马斯洛感到哭笑不得。自我实现者绝不是没有任何烦恼与忧虑的人，他们之所以不像别人一样"神经质"，是他们拥有坚定的态度去正视真正的困难，用超乎常人的意志品质去解决问题，并以一种近乎自嘲的幽默方式令自己超脱于凡尘琐事。自我实现是人格的积累与成长，一定意义上说是一种格式塔的整合，绝不可能一蹴而就。通过与安迪·凯的交谈和阅读德鲁克、道格拉斯·麦格雷戈等人的著作，他们对于人类需要层次模式的全盘接受以及对心理学概念的过分简化，也让马斯洛感到些许的不安。由于安迪·凯在自己管理公司方面的创新性革命，使得马斯洛看到自己的理论由临床向工业领域迈出了一大步，但从科学严谨的角度出发，这些理论还没有接受可靠性和有效性的真正检验。马斯洛这样说道："自己的管理理论还仅仅是一项心理学的实验，这都只是些信条而不是最后的知识条款。"

还有一点值得注意的是，一贯乐天派的马斯洛也怀疑这些管理专家对人性抱有过分天真的幻想。马斯洛提醒道，我们应该看到管理政策对个体差别的忽视，应该选择合适的个体来实现管理的原则。毕竟每个人的心理成熟程度和动机水平都是有很大差异的。在工作中每个人能承担的自主权和决策权也不尽相同，若对于依赖性和被动性强的员工完全放任自流的话，会让他们猛然间陷入恐惧和混乱，工作效率也会骤然下降。马斯洛在20世纪40年代自己家族的制桶公司中就发现了这样的情况，因此决不能忽视在企业管理过程中的"倒退的力量"。

他提醒那些锐意进行管理改革的企业家，如果你想从一种非常严格的权威型的管理风格转变到一种更有参与精神的风格上来的时候，揭开严格的权威限制的盖子的第一个后果就有可能是混乱、某种敌意的释放、某种消解力量以及类似的东西。因为有的人在这种自由的环境中会产生松弛、散漫、焦虑、压抑，不信任或者不想负责任的状况，他们可能在普通的权威的传统结构中感到自在一些。如果管理人没有准备好走过这段失望的时期，就很有可能很快又倒回到以前的强权管理。这种从 X 型管理向 Y 型管理的转变，应该是缓慢和曲折的。

在这段时间里，安迪·凯为马斯洛提供了一台录音机，以便他可以详细记录自己的想法，还专门派给他一位秘书将口述转录成文字。马斯洛每个星期都要花上好几小时的时间通过口授，把关于非线性系统公司的印象以及阅读管理书籍的体会记录下来。他口述的内容十分广泛，包括领导心理学、管理动力学方面的想法、企业整体的抱怨水平的意义以及自我实现的企业家，等等。

三、进步管理

一直以来，马斯洛都十分推崇一种进步管理亦称理想理论的模式。当然，这种进步管理的应用，是以一些假设为前提的。

首先，进步管理假定每个人都是值得信任的，都是可以不断完善的。所有员工的心里都有取得成就的冲动，对于自我实现有一种积极的倾向，每个人都希望自己能干出一手漂亮活。他们都反对浪费时间，反对工作没有效率。

其次，进步管理假定每个人都应该得到尽量完整和尽量多的事实真相，也就是说，得到与眼前状况有关的一切情况。同时，上级和下属所获得的信息应该对称，这将给员工一种熟悉

四、关于领导者

马斯洛认为真正的领导者应该是"天然的"，也就是说无论在才能、意愿等方面他都适合做领导这个职位，与工作或职责有着彻底的认同。但这并不意味着他必须成为一个总揽全局的领导，而是应该作为一个功能性的经理，在哪方面有才能就做哪方面的领导。它对应于客观情形、总体的现实，天然或者心理现实中的客观要求。位居领导的职位，仅仅是由于他适合此项工作，是发送信号和组织群众的人，并不是控制他人的人。然而，领导会因为此方面的出众而承担很多的责任，我们应该对他们心存感激，而不是"尼采式的怨恨"（一种对优越的、有能力的个人或组织的嫉妒和攻击）。

对好的领导还应有这样一项要求，就是在有些时候，尤其是较为危急的时刻他应该有权力和能力将嘴闭住，不表露出自己的犹疑、举棋不定、内心冲突或模棱两可的态度。实质上，他们隐藏起自己的犹疑，决不让人发现。远洋船的船长可不能做犹豫不决的哈姆雷特，他必须永远都表现得坚强有力。也就是说，领导需要学会这样一种"闭紧嘴巴，张开眼睛和耳朵"的能力，在对下属开放的同时，将责任与麻烦留给自己，不让忧虑扩大化。还有，领导者应该强调事实、知识、技能，当事实说"好"，而公众说"不"的时候，好的领导人应该能够坚持己见、尊重事实，而不要管公众的敌意。

进步管理理论的应用应注意具体环境。为得到权力而追求权力的人，正好就是不应该得到权力的人。这样的人很容易滥用权力，很容易为满足私欲而推翻权力、操纵权力、利用权力。美国的竞选方式往往就会使权力落入为了权力而追求权力的人手中。真正拥有权力的人应该是那些健康的、完备的人，他们索取权力是因为要将世界的不完满抚平。马斯洛在一封于1966年12月29日写给亨利·盖格的信中这样说道："领导问题的一个关键是领导者的决断力……有数据显示，一个普通的美国公民宁愿追随一个强硬的领导，而不是一个顾虑多、性格复杂的领导。这意味着，世界上没有比偏执狂更有决断力的了。而且，也没有任何一个权力追求者会比偏执狂更为顽强地孜孜以求。"我们知道使世界陷入灾难之中的领袖都是偏执狂：希特勒、斯大林、麦卡锡都显示了这种特征。这种局面的形成，是由于我们许多人都害怕作出选择，情愿别人替他们作决定，就像我们去百货商场里不知道要买什么，还可怜巴巴地请求销售员向我们推介。"我们正在为有关内心世界中美德有报的观念和社会、公共与人际交往世界中的恶人得势之间的鸿沟寻找合理的解释。"

一直以来马斯洛都非常强调进步管理中的民主理念。虽然，事实上在很多特殊的情形下，老板必须非常强硬，并且也应该具有威严。然而，马斯洛还是作这样的猜想，即在大型工业化的情形下，采取参与性管理方式的老板，比强硬的老板更受欢迎。虽然他们可以发出一道命令，并坚持让全体员工完成这个命令，这不会产生任何疑问。但是，更多地面向基层人员获取信息，让他们参与决策，会更好地使领导者获得尊敬，给人以宽厚和亲切之感，也有助于提升整体的凝聚力。还值得一提的是，领导者普遍具有更为强烈的格式塔动机，如果缺乏秩序、缺乏美感，如果没有完整或完满，他会比别人更容易感到不安。心理上的健康与成功的领导术是互有关系的。

在企业文化中，也应看到鼓励的作用。像军人为身上每一枚勋章骄傲一样，员工也会因奖章和鼓励而动力十足。即便是那种天真的吹嘘，领导者也不能磨灭他的价值，正如黑脚印第安人在每年的太阳舞会上夸耀自己的"丰功伟绩"会给他们带来巨大成就感与满足感一样。这些都有人类本性上的根源，最好允许它存在，最好还鼓励它存在。

进步管理的开发政策和领导政策，部分取决于老板要能够放弃对别人的权威，允许他们成为自由的人，而且实际上要能够喜欢别人的自由和其他人的自我实现。优越的领导者就像强大的父母一样给自己的孩子制造压力，有的时候，悄悄地离开讨论中的小组，就是他们对员工爱和尊重的表现，因为这样就不会压抑整个小组，并从员工的自我实现中感受到快乐。

五、管理动力学

"我们可以告诉那些经理和管理人员，工人如此之多的令他们不喜欢的反应，可能是工人有意为了引起他们的愤怒而作出的，也许他们的恼怒就是工人们的目的，也许这就是他们反击的方式。"无论如何，如果心理动力学的这一解释为更多的人所接受，那么它可以用作极有价值的指示器。

有的时候，工人们难以用激烈的方式与管理者进行对抗，那么他们将转而采用一种消极的冷对抗手段，例如装傻、慵懒和无力。这些看似平缓的消极办法，事实上会产生非常有力的反击效果。工人们悄悄糊弄压迫他们的雇主，然后再嘲笑他们，这将形成一个十分可怕的报复的心理动力。因此，领导者要最大限度地关心、保护员工的自尊，使其感受到自己是公司这个大集体中的一员。这种自然而强烈的认同感将召唤起员工的责任感与工作热情。

马斯洛这样认为，好的社区、好的组织、好的团体可以帮助那些所有心理医师都毫无办法处理的人。领导要让员工了解更多关于公司的信息，使其产生一种熟悉感，这种感觉是相当不错的。当面对敌意与攻击时，逃避和视而不见是最可怕的错误，真诚的交流将使冲突等级大大降低。看到敌意，就找到了问题的出口，要做的只是找到通向出口的方法而已。

六、无结构团体

在具有道家精神和顺意无为精神的布兰代斯大学心理学系，使马斯洛得知缺乏结构和具有顺意无为精神，会产生最好的气氛，会激发人们最深沉的心灵力量，自我实现的倾向会自动地显现出来。结构化有时候就起到一种盖子的作用，一种压抑器、一种掩盖器，把下面的东西全掩盖住。如果你让一个人一天到晚忙碌着，从一个地方到另一个地方地忙碌着，他就永远也没有时间坐下来，没有时间让深层和内在的泉水喷涌到地表来。

在现代企业的沟通与管理中，我们更需要的不仅仅是"例会"与"工作汇报"，无结构的交流更加能够带来不同寻常的团体效应。员工在一起围绕一个主题，头脑风暴式地开怀谈论，能够激发出许多新生的灵感与启迪，员工也随着无秩序地发泄出情绪。但我们应清醒地看到无结构的确切内涵并不是提倡毫无节制、信马由缰和没有专业性，而是提醒我们看到已经失去和正在失去的东西。只有开始学会跳出牢笼般的条条框框，才能接近我们创造力的本质，形成一种无结构小组讨论的工作模式。

七、怨言水平

睿智的马斯洛总是能从一种惊奇的视角给我们传递欣喜的

发现与潜藏在其背后的深思。在公司管理中，马斯洛发现无论条件好的企业还是条件较差的公司，各个角落都存在连绵不绝的各式抱怨。我们是否能从这些怨声载道的语言中看出些端倪呢？

细心的马斯洛捕捉到了怨言中隐藏的愿望与期盼。如果对工业情形中的抱怨级别进行研究，可以用来作为该组织健康与否的尺度，特别是当人们有足够多的样本时。抱怨声可以表明一个人的生活动机水平。比如，生活在权威型丛林工业情形中的工人，他们每天担心的是咕咕叫的肚皮，潮湿阴冷的厂房，拿着皮鞭的监工，然而这些需求本身在动机层次上都是很低档的。这些抱怨都是对最基本的生物需求的抱怨。而我们料想在一个和谐民主的企业中，员工的嘴巴就会安安静静了吗？答案并不尽然。这里照样充斥着无尽的抱怨，但我们可以听听这里的声音：该死，门口的小花园什么时候才能建好？经理为什么不委托我独立去完成这项任务呢？今年公司为什么是组织去加拿大旅游而不是马尔代夫呢？

细心的听者都会发现其中的微妙，就像当我们抱怨庭院中的玫瑰花为什么不那么娇艳欲滴，为什么修剪得不够美观时，这就意味着你的肚皮已经饱了，你的头上已经有了一个屋顶，你家里的壁炉还在烧着，你不怕瘟疫和谋杀。警察和军队都在尽责地运转着，政府是好的，学校的教育是好的，许多其他的条件也是好的，也得到了满足。按照动机理论，我们永远也不应该指望抱怨会停止下来，我们只能够期盼这样的抱怨会变成层次越来越高的抱怨，也就是说，他们会从低级的抱怨变成更高级的抱怨。

如果进步和聪明的管理者能够深刻地理解上述所有东西，那么，这样的一个管理者就会期盼，条件的改善会提高抱怨的水平，而不是等待改善条件使所有的抱怨消失。一个组织的健康水平或者是发展水平，从理论上是可以通过抱怨或者牢骚来定级的。

八、协同作用

马斯洛花了很多精力阐释"协同作用"（Synergy）的概念。这一概念是人类学家露丝·本尼迪克特首次提出来的，其原意是指在某种文化氛围内，合作不仅能够得到回报，而且能够使全体成员受益。马斯洛将这一观点作为企业管理和人际关系的基本原则来用。马斯洛对协同作用定义为，在某种文化里，对于一个人有益的东西，对别人也会有益。协同文化是安全的、慈善的、容易鼓舞人的。在马斯洛对非线性公司的考察中，他发现这里是个高度协同的工作环境，不同于当今商业圈内将一个人或一个企业的成功看成以对其他人的损害为代价的普遍观点。

这种高度协同作用，使员工容易形成一个如兄弟般情谊的环境。在这样的环境下，每位员工都有一种强烈的责任心，仿佛自己是这个公司的合伙人一般，倾向于将公司的责任都扛到自己的肩上，倾向于从合伙人的角度去思考问题。认为有利于公司的事情就是有利于自己的事情，公司与个人的目标与利益是统一而不是相互排斥的。在这里大家是团结的，而非彼此对立。

在一种大的协同环境中，自私与非自私的界限已经变得模糊不清了。我们可以说这种行为是自私的，也可以说它是无私的，因为个人的利益与其他人的利益趋向一致，对自己有利的，也就是对其他人有利的。就像是我们喜欢吃樱桃，当我们将樱桃放进喜爱吃樱桃的孩子的嘴里，看着他们那美滋滋的模样时，我们同样感受到了舒服与满足。因此，协同也可以被看作一种爱的体现，当对方的幸福也让我们感到幸福时，那么爱就存在着。此时，"我"和"你"的差别变得很微小，取而代之的是"我们""我俩"的同一性。

在对非线性公司考察时，安迪·凯和他的同事们共同努力的这个工作环境使马斯洛想起了那个难忘的、与黑脚印第安人相处的夏天。从协同的角度来看，那里真的是一种超乎寻常的高层的协同文化。在整个印第安人部落中，只有一个叫特迪的年轻小伙子拥有一部汽车，但大家并没有因此而心生妒忌，因为他的汽车会毫不吝惜地借给大家无偿地使用，反而拥有汽车的人还要自己支付汽油费。黑脚印第安部落的每一位成员都抱有这样一种心态，他赚的钱越多，他的工作干得越好，他的农场越兴旺，他喂的马越多，对大家的好处就越多。因为，在太阳舞会上，他会慷慨地施赠给需要的人。而在我们的社会里，这就是一种矛盾，因为我们倾向于心生嫉妒、怨恨、嫉羡和自我价值的失落。财富成为我们彼此的敌人而不是朋友。

不仅是企业内部，根据共存动力学的原理，事物是普遍联系的。企业是社会的一个环节，它与社会的其他环节都是密切联系的。协同代表超越二分法，我们不需要从冲突中获得什么。真正需要清楚的是，作为人类，我们每一个人的利益都是相互关联的。几家银行的债务问题就可以引发全球危机，足以说明共生的机制。让他人得到快乐，我们也同样能从中得到快乐。这不是一个零和游戏，而是一种共赢。

九、自我实现的企业家

通过对非线性公司的考察，马斯洛有一种越来越深的感觉，创建一个新企业的过程也许就是自我实现的一种方式。旧式的企业主总将自己打上剥削者的烙印，羞于公开表征自我及其公司的社会贡献，并对所得到的巨大利润与回报感到内疚。这有一点像马斯洛早年在医学院看到的情景，学生们大多怀有一种救死扶伤的热忱来到这里，却总是以一种玩世不恭的口气解释自己学医的缘由。优秀的企业家足以带动社会的进步，他们不必将这一神圣的信念去圣化，企业家的创业成功不仅是最好的自我实现，同时带来了无可厚非的社会效益。马斯洛甚至认为，十几位这样自我实现的企业家就可以改造这个时代。

马斯洛十分欣赏像安迪·凯这样的企业家们，他们区别于学术界"纸上谈兵"的学者，他们不是那些只说不做的人，他们用自己的头脑和双手使世界变得更加美好。这些真正的实干家在学术界是很难遇见的。马斯洛在他的日记中将其简单地描述为"勇气""胆略""魄力""很少有焦虑的困扰"等。

加利福尼亚之行给马斯洛留下了一本关于先进和开明的管理问题的笔记，题为《夏天的笔记》。让马斯洛高兴的是，安迪·凯立刻就打印了很多份，分发给管理学圈内的专家和顾问进行传阅。很快，马斯洛了解到他的笔记受到了广泛的关注，圈内的同事都劝他将其"新思想"出版发行。1965 年 10 月，《夏天的笔记》更名为《优心态管理》正式出版了。虽然书的名字有些令人生畏，但该书以纪实的风格，区别于学术著作的生动活泼的语言，很快引起了工商界领袖们的广泛关注。人们对这本书热烈而广泛的反响大大超出了马斯洛的心理预期。

第 12 章

晚年生活

一、混乱中的美国

20 世纪 60 年代后期的美国陷入了一个空前的巨大泥潭。二十五万以上的美国士兵在越南进行着一场不宣而战而且注定要失败的战争。小规模的反战运动 1964 年在大学的校园里就开始了，成为不断升级的学生运动的一部分。人口数量庞大的婴儿潮一代也到了该上大学的年龄。反战运动的成长也要部分归因于广泛的电视新闻报道，使得大学年龄的美国人比以前几代能够获得更多的有关战争的信息。

到 1968 年，反战示威游行已遍及全美各地。8 月，芝加哥的示威者和警察发生大规模冲突，造成流血事件。1970 年 5 月，为了抗议美国入侵柬埔寨，美国历史上第一次全国学生总罢课爆发，十多万学生拥入华盛顿进行抗议。上千的年轻美国男公民选择逃往加拿大或瑞典，以躲避征召的风险。越南战争不仅让美国人民陷入战争的阴霾之中，还加剧了美国国内的种族问题、民权问题，使国家处于极度的分裂状态，给人民造成了巨大的精神创伤。

一时之间，美国民众笼罩在一股由外及内的恐慌之中，政治体统对于国内外政治态势的反应措施迟钝而无力，反战派和支持派各执己见争吵不休。加之，环境污染愈演愈烈，媒体的报道使人们清楚地看到自己身处其中的不断恶化的环境。民众开始怀疑这个原本强大的美国政府是否能够提出一套切实可行的解决方案。

与此同时，美国正经历着一股众所周知的反主流文化的浪潮。这场离经叛道运动的主力是那些对现实社会强烈不满的年轻人。他们出生于繁荣时期，没有经历过父辈们扎实创业的过程，而仅仅看到了一片大好光景变成了无序的混乱。著名的"嬉皮士"正是来源于此时的美国。嬉皮士用公社式的和流浪的生活方式来反映他们对主流社会和越南战争的态度，他们提倡非传统的宗教文化，批评西方国家中层阶级的价值观，批评政府对公民的权益的限制和大公司的贪婪，批评传统道德的狭隘和战争的无人道性。当时的嬉皮士想要通过使用毒品、神秘体验或致幻药剂改变他们的内心和走出社会的主流。东方形而上学、宗教实践和原住民部落的图腾信仰都给这些反主流的青年带来很大的影响。

更多受过高等教育的年轻人试图从哲学家和社会思想家的著作中寻求有意义的指导，马斯洛关于个体潜能的观点在这一时期几乎成了某些年轻人的"救命稻草"。马斯洛开始成为很多人心目中的英雄，但同时马斯洛这个名字也被很多人错误地等同于20世纪60年代的反主流文化浪潮，这让马斯洛觉得有些荒唐。

更让马斯洛感到吃惊的是，1966年5月，他听说自己被提名为美国心理学会主席的少数候选人之一，这一职位的最终敲定将在当年夏天以无记名投票的方式产生。这一消息让马斯洛震惊不已，他忽然感到从一个极端走到了另一个极端，因为他曾多次担心自己对主流心理学的离经叛道会被心理学会开除。

此时，马斯洛的小女儿爱伦已经是新左派的积极分子，几年前曾经在美国最南部为黑人选举权而斗争。马斯洛虽然钦佩女儿的勇敢，但更加担心女儿的安全和她过分简单化的社会观点。他们这些"左派分子"的立场其实就是没有立场、没有意识，他们的目的就是推翻一切现有的制度和秩序。他们所追求的自由最终换来的很有可能是理想的幻灭，以及伴随着认清自身的无知而来的意志消沉。马斯洛为此深深地担忧。

二、将人本主义心理学观点融入政治学

一直以来，马斯洛都不喜欢被卷入政治倾向或政治派别的纷争中去，他往往对政治抱有一种温和、乐观的态度。但随着20世纪60年代暴力犯罪在美国城市剧增，许多市民不敢夜晚在街上行走，马斯洛逐渐开始关注政治意识形态的问题。他发现大多数自由主义知识分子认识不到人类现存的罪恶，他们持有的所有人都是善良且睿智的观点在解释诸如意大利黑手党、拉斯维加斯的匪徒或者残忍的劫车者等各种各样的犯罪时，显得那么苍白无力。

在马斯洛的一篇写于1967年1月未发表的文章中表达了他越来越与我们现在所称的"新保守主义"接近的思想立场，认为愈演愈烈的自由主义会带来严重的社会后果和政治后果。"自由主义者们似乎认为，诸如有效的法律证据、对个人隐私的保护以及权力法案等，都只是作为一种'游戏规则'，是可以任意解释和改变的。他们已经忘记了为什么要制定这些'游

戏规则'了。也就是说，他们已经记不得制定法律与制度的目的是什么了。"我们需要看到人与人之间的差别而不是用对待自我实现者的方式来对待精神病态者、偏执狂和精神分裂症患者。对那些不成熟的、缺乏责任感的人来说，他们最迫切需要的就是那种严厉、有力的父亲，明确而不容置疑的规则。

同时，马斯洛也感觉到同事们对他的孤立不仅仅是学术上的，还带有很严重的政治色彩。马斯洛不愿意因为美国在越战问题上的表现而去谴责整个美国，这令同事们大惑不解并对马斯洛过分"温和"的政治态度不屑一顾。马斯洛认为，自由主义者对美国政府抱有一种尼采式的怨恨，而对权力主义者和权力政权显而易见的罪行却完全接受。例如，社会问题心理学家协会（SPSSI）认为，越南南部对越南北部俘虏的酷刑应归咎于美国的介入。相似的，自由主义者对黑手党、暗杀集团等犯罪组织的公开暴力活动从不生气，却永无休止地要求他们自身和政府、法律、法官与法庭的完美。

由于对自由主义的种种不满，马斯洛退出了"美国公民自由协会"，随后又辞去了理智核政策委员会（SANE）的理事职务。在马斯洛看来，这两个组织毫无疑问地显露出自由主义者在应付人类侵犯行为时的软弱无能。面对社会与政治动乱，马斯洛开始考虑将自己的人本心理学应用于政治学领域。马斯洛深信，几乎所有的政治家及其支持者都将他们的立场建立在已经过时的人类动机与行为的概念之上。马斯洛觉得自己可以提出一种植根于人本心理学的全新的政治，在此基础上，可以真正创造一个更美好的社会。他将这种新途径称为"精神性政治"。

马斯洛强调任何人本主义政治学都必须为自我实现留出一条道路。对于国家和文化而言，不应以牺牲个人的自我实现发展为代价而去过分强调安全、保障和归属感。我们目前面临的最大问题是，如何在保持一个稳定的社会的同时，却仍能开放通向自我实现的道路。

当然，在政治体系中也不可避免地会出现对"优势成员"的嫉妒之心。就像世界上所有反美人士对美国的"憎恨感"一样，在他们的心目中，好像美国是一个大款或工厂里的老板似的。那些"位高权重"的领导者必须学会平和、周到地处理各种人际关系。有时候甚至要采用一些伪装技巧，从而在不威胁或不贬低其同种类弱势成员的自尊的同时达到成功。

在一篇写于 1969 年 7 月 12 日的未发表的文章中，马斯洛划分了三种不同层次的政治理论。最低层次的政治他称之为"体内平衡政治"。处于这种低水平的政治系统，没有任何远大的目标，它的唯一诉求就是保证整个系统每天不中断地运转。就像只知道保证道路上的车辆不要被堵塞，下水道排水要畅通一样。第二层次的政治是"过渡性政治"或"转型期政治"。这一层次的政治体系已经具有一个明确的目标，用以带领成员们为之奋斗，这一目标就是第三层次政治的一部分。马斯洛所定义的最高水平的政治体统，他称之为精神性政治。"它是由人本心理学和超个人心理学发展而来的一种可行的政治哲学以及一整套政治程序。它的最基本的假设就是社会是满足人类的需要和超越性需要的手段。"

在文章的最后，马斯洛表明了这样一个立场。人本主义心理学、人本主义社会学、人本主义政治学和人本主义哲学全都涉及善与恶的统一问题。我们建立的绝不仅仅是一个"善"的人本主义理论，很多人误认为人本心理学是完全乐观的，只关注人类的美好品质的，这显然是不正确的。"我们对最高人性的强调，正是由填补空缺的需要和改正一种统治得过久的、过于强大的过分悲观主义的需要发展而来的。"与此同时，人本主义并没有忽略人类的不良行为和邪恶的一面，人本主义政治的建立也必须将善与恶结合起来。

20世纪60年代后期的几年里，马斯洛将很大一部分精力投入对影响有意义的政治和社会变革的人本主义心理学的研究之上。这也是马斯洛晚年洞悉社会的一些发人深省的思考。他敏锐地发现，美国此时政治体制的运行已经逐渐背离了当初设计这种体制的初衷。公共舆论监督效应的衰退使政府越来越成为总统以及优势群体的代言人，自由与民主的精神似乎摇身变成了高歌猛进竞选势头的助推器。

同时，这样的政治体制脱离大众地"职业化"了。在一篇未署明日期的文章中，马斯洛的闪光思想在许多美国人寻求重大政治变革的时代尤其显得富有洞察力。"我们的体制将数百名男女变成了职业政治家，他们的工作压力如此之大，以至于他们几乎没有时间去思考政治以外的事情。而正是同一个体制又使得我们其余的人与政治生活隔绝，因而感到软弱无力。"马斯洛真正想寻求的是一个介于苏联那种完全集体主义的中央计划的体制与美国这种过分自由、无节制消费的制度之间的一种温和却有效的政治制度。

三、在赞誉中继续前行

1966年7月8日，马斯洛获悉自己竟然当选了1968年上任的美国心理学会主席，一时之间，多种情绪席卷全身，惊讶、兴奋、欣喜，还有一丝惶恐。马斯洛深感自己几十年的努力，终于得到同道们的认可，自己的研究并没有封尘角落、无人问津。数千名同行投了他的票，他还拥有着不计其数的追随者。真正让他骄傲的是，他是作为一个犹太人获得了这个荣誉的，他感觉到萨克尔校长和布兰代斯大学的其他人都会为此感到高兴。然而，自己的好几位博学而宽厚的良师益友都没有得到此项殊荣。他们当中，有埃里克·弗洛姆、库尔特·科夫卡、库尔特·勒温、马克斯·韦特海默等，这让马斯洛有一些难为情，这个心理学会主席的职位自己真的是当之无愧吗？尽管有这样的些许担忧，但这个职务带给马斯洛更多的是前进的动力。对这个似乎凭借几分"运气"获得的职位，马斯洛充满了责任感，他愿意承担随之而来的诸多行政负担，并希望借此机会让自己的思想产生更大的影响。

同年秋天，马斯洛又被美国人道主义协会评选为这一年的"人道主义者"，这对他来说是前所未有的最高荣誉。马斯洛将人道主义作为其毕生的追求，此时获得了社会和业界的赞赏让他兴奋不已。马斯洛也因此几乎每日都能收到来自国内外的邀请信，请他参加各种学术会议和政府会议，接受荣誉学位，或者与各种团体、教育机构在研究项目上进行合作。

与此同时，马斯洛经过将近七年时间完成的《关于科学的心理学：一种探索》一书也出版了。这本书虽然篇幅不长，但很多精彩的观点引人入胜。此书继承了早期发表的《动机与人格》等著作中的观点，批判传统心理学回避价值问题，仅以统计和方法学为中心，使人性及其巨大可能性以一种可怜的片面形象出现。这本著作不仅赢得了咨询、治疗、教育等领域的赞扬，也受到了通俗报刊的注意。马斯洛的影响力加速扩大。当然，《关于科学的心理学：一种探索》在享受赞誉的同时也受到了一些实验主义同行的批评。他们认为马斯洛长期以来不再依赖实验方法进行研究，已经不具备批评实验主义的资格。并且马斯洛关于严格的实验主义会妨碍惊奇、敬畏等情感的获得，他们也不予苟同。

哈佛大学的心理学家 B. F. 斯金纳，虽然与马斯洛在研究上有很大分歧，在侧重点上也不尽相同，但长久以来他一直想与马斯洛成为友好交流的朋友。斯金纳曾在《关于科学的心理学：一种探索》出版前给马斯洛的信中，探索性地向马斯洛提出了一些建议。斯金纳自称是一位新行为主义者，他并不认为价值观和一些有关生活价值的东西与其职业毫不相关。当然，他自己也没有放弃对写作、艺术、诗歌、审美与信仰的追求。他还坦言自己曾有过多次的高峰体验，并仍然在寻求新的、更加丰富的超越体验产生。对行为主义的推崇、对唯物主义的深信不疑并没有使自己的神秘体验减少。并不是每个行为主义者都是仅有理智与机械色彩，而毫无情感和感性可言。但斯金纳却坚持这些情感与体验是行为的副产品。他希望马斯洛能更多、更全面地去了解行为主义心理学。

面对同行或外界的赞扬声和指责声，马斯洛一直保持清醒。马斯洛珍视令人尊敬的同行的批评，将之当成完善自身研究的动力与源泉，他感激不尽。但对那些盲目跟风式的胡乱吹捧，他几乎不作过多的感想，甚至不屑一顾。这也是马斯洛多年来持续前进的一种性格和涵养上的保障。

在给斯金纳的回信中，我们就可以看到一个谦和却坚定的马斯洛。马斯洛率直地告诉斯金纳，自己十分高兴看到他的指正。并谈到自己的理论并不是排斥行为主义，自己早先也是一个热忱的行为主义者，行为主义的具体、可靠、明确都让他赞叹和敬佩。他反对的只是那些想使行为主义或实验主义成为心理学研究的唯一的方法的观点。然而，由于每个人研究的兴趣点不同，马斯洛坦言深深热爱着自己的研究。希望斯金纳这位严谨的学者能够将在来信中谈到的价值观、有价值的生活以及诗、艺术等经验知识在其理论框架中找到一个合适的位置，使之成为科学的一部分。

　　随着马斯洛影响力的扩大，一股"马斯洛热"逐渐升温，各种各样的邀请纷至沓来。马斯洛的很多读者甚至不惜长途跋涉赶到布兰代斯一睹大师的风采。此时，马斯洛早已不像早些年的时候，由于经济上的原因不得不接受纷至沓来的演讲和约稿邀请，现在的他十分高兴在这么多年的孤独的研究之后，和大家一起热烈地探讨自己的成果。尤其是在结束了《关于科学的心理学：一种探索》的写作之后，马斯洛几乎没有继续写作的欲望，他希望通过社交活动让自己放松和快乐。

　　然而，让马斯洛些许失望的是，那些来到布兰代斯、向他寻求支持和指点的人对马斯洛提出的研究计划和合作项目大多虎头蛇尾，常常不见踪影。他们开始时的巨大热情让马斯洛甚至觉得这些人都可能成为他未来的"传播者"和"接班人"，但这种想法或多或少有些不切实际。这让马斯洛在被追捧中仍感到一丝悲凉。

四、疲惫与失落

　　越来越多的"亚伯追星族"（"亚伯"是亚伯拉罕·马斯洛的简称）并没有让马斯洛停滞不前，他时常感受到喘不过气的紧迫感，陷入一个迫切要去完成使命感的巨大旋涡。他觉察到自己的健康已经逐渐受到损害，常常经受疲劳、失眠、胸闷等痛苦。他强烈地感到自己的时间快不够用了，必须争取在死前做完这些事情。

　　这种疲惫感的部分原因是，马斯洛看到自己早年理论体系中的一些矛盾之处，他绞尽脑汁努力去给予世人一个更加完美的解释。他的自我实现理论前提是每个人都有自我成长的潜能，这种本能作为一种内驱力使人们不断完善自身。可是，看到现代年轻人的贪图安逸抑或是制造事端，马斯洛不得不考虑，相较于他们生活于大萧条时期的父辈们，优越的生活环境为什么导致了他们更少的自我实现呢？这个问题长期困扰着马斯洛，这个时期的日记记录了马斯洛很多的不眠之夜。

经过与历史学家弗兰克·纽曼尔的讨论，马斯洛似乎找到了其中的原因。这是人类的一种来自成长的恐惧，马斯洛称之为约拿情结。约拿是圣经中的人物，他企图逃避自己的天职，却最终因此痛苦不已。马斯洛借用这一典故，解释现代人对自我实现的这种规避的现象。现在的一些十分聪明的年轻人常常抱有玩世不恭的态度，他们对于自己的聪明才智是非常矛盾的。

在一篇写于 1966 年 11 月没有发表的文章中马斯洛为这种现象提供了一个尝试性的但却十分精彩的答案。他说："为了和'普通人'一样，他们甚至会完全否定自己的智力，尽量去逃避自己的命运，就像圣经上的约拿一样。要一个有创造性的天才承认自己的天赋，完全接受它，发挥它，超越自己的心理矛盾，常常需要半生的时间。"自我实现的受阻也与文化和人际关系有关，优秀的人希望将他的才华与智慧淋漓尽致地展现人前，但现有的社会文化又会让他意识到这样做会招致他人不善的目光。但总的来说，马斯洛这样认为，如若一个人逃避一项适合他的特性的任务，他为之而生的任务，也就是说他在逃避自己的命运的话，那他的余生是不会幸福的。

马斯洛呕心沥血地工作着，他越来越感到时间紧迫，自己的身体状况也越来越糟。这样的工作状态对一个年近 60 岁的人来说，显然是超负荷了。同事和家人都劝他放缓工作节奏，待身体好转再加大强度。可能是由于马斯洛中年时期的那场怪病，他总是觉得自己不会活得太久，他必须马不停蹄地工作着，才能让自己的内心好过一点。

1967年夏天，马斯洛在与年轻的加拿大人类学家费希尔的书信交流中，收到了一个令他十分震惊和难过的消息。费希尔此时正在加拿大对黑脚印第安人进行研究，但马斯洛所赞叹的那个美妙的精神乐园再也不复存在了。他们已经沦为艾伯塔最穷困的美洲土著族的一员，几乎所有那些曾让马斯洛心驰神往的文化都消失了。公共财产被非法侵占，酗酒之风蔓延，一个又一个的家族相继崩溃。在这块平静的土地上，甚至出现了谋杀。可是，黑脚印第安人的热忱、互助、幽默、部落成员之间亲密感的图景在马斯洛的脑海里还是那样的清晰啊。他不敢相信，这块曾在研究人性方面带来重大收获的土地，已经变得面目全非。黑脚印第安人文化作为马斯洛心中理想文化的一个现实例子，它的分崩离析让马斯洛感受到切切实实的悲哀和失落。他敦促这位年轻的学者，将其看到的一切以文字的形式记录下来，让人们看到这一难能可贵的文化是如何被摧毁的。

五、患病与感激

与此同时，马斯洛感到越来越累，并经受着失眠和肠痉挛的折磨。可是新一次的全面医疗检查结果显示，马斯洛除了贫血，一切都正常。按照医生的嘱咐吃了补血药后，马斯洛仍然感到头晕和疲劳。为此，医生还建议他去接受精神分析，以排除情绪对病情的影响。然而，情况并没有得到控制。1967年12月6日，马斯洛感到胸部剧烈地疼痛，他被急忙送进了附近的医院。经诊断，马斯洛患了严重的冠心病。经过了特殊的护理后，他才得以转入普通病房。

虽然在医院里的生活比较单调和乏味，但马斯洛仍然可以找到让自己放松和开心的事情。他取消了翌年 9 月的美国心理学学会的主席演讲，卸下了身上的许多重担，开始沉浸在自己喜欢的书籍和小说中。川流不息的探病者也给马斯洛的医院生活平添了许多热闹，他十分乐意和这些朋友进行交谈，欢笑声能够改变病房中肃静、冰冷的气氛。

即使是在病床上，马斯洛仍然没有让自己的大脑活动停顿下来。看到眼前的护士表现出的超乎寻常的仁慈和母爱，马斯洛深受感动并对她们感激不尽。他开始思考是怎样的职业动机才能使她们如此的善良和乐于助人。当问及身边的护士时，她们开始的时候都是以诸如"我喜欢白色的护士服""我觉得和人们打交道很高兴"等一些简单的话，一带而过解释其进入这个需要细心、辛苦和关爱的职业。然而，当马斯洛和她们探讨哪些时刻让她们感到自身的价值、从事这份工作的意义时，其中一些人情不自禁地露出了沉醉的表情。"当看到婴儿出生的时候""当目送病人康复出院的时候""当听到那句潜藏着多少沉重感情的谢谢的时候"一切都变得值得而有意义，这些回报远远是金钱所不能及的。

由此，马斯洛更加确信，感激在人类的心理架构中是一种不可或缺的素质。学会体验感激和表达感激同样重要，缺失"感激"的人将不能成为一个完满的、健全的人，甚至会引发超越性病态。例如，常见的玩世不恭、冷嘲热讽等等。同时忘恩负义也是情感病态的重要标志。这种情感病态普遍地存在于当今的社会之上，诸如家庭成员之间、邻里之间、同事之间、委托人之间以及伙伴之间。

在马斯洛一篇大约写于 1969 年至 1970 年间的未发表的短文中，道出了有关"恢复我们的感激意识"的有趣而迷人的思想。首先，我们可以设想我们周围的某位亲人、朋友或同事将要去世，我们是否还会像现在一样颇为冷漠地对待他们？抑或是我们必须改变这样的想法："等以后……我一定会好好孝顺父母、报答亲人"，要知道"树欲静而风不止，子欲养而亲不在"。我们可以去思考的是，做些什么才能使我们不必在所爱的这个人辞世后后悔莫及？朋友和亲人正在带给我们哪些快乐和帮助，值得我们深深留恋，并给予感激？

另一方面，我们还可以想象自己时日无多，以一种即将永别的视角去看待日常正在经历着的一切。我们将发现周围的所有都是那么的美妙与神奇，整日抱怨的无聊生活实际上是多么的明艳如花。这种感激意识将教会我们感恩知足，不要等到失去了才懂得珍惜。每一次看到夕阳和晚霞都如初见般去体验和惊叹它们的美丽。

在医院的日子里，马斯洛就已经开始担心他的私人日记在他死后的命运了。他不希望自己的闪光思想因为他的辞世也随之长埋地下。于是，他找到了一些自己信任的朋友，他们愿意在马斯洛死后不计成本地去出版他的日记，并将原件赠予图书馆保藏。马斯洛十分珍视"剩下的日子"，他感到自己寻觅到了拯救世界的曙光，绝不甘心就这样撒手人寰。

六、人本主义心理学与生物决定论相协调

1967年年底，《关于超越性动机的理论——人生价值的生物基础》发表了。这篇文章归纳了马斯洛十多年来关于人类动机和需要的理论思维。他主张，每个人都有追求审美、艺术和创造力的需要，当这些动机受到挫折和阻碍的时候，人们就会产生超越性病态（Metapathologies）。当前社会中，嬉皮士对主流文化的消极抵抗、暴力犯罪的上升、酗酒之风的肆意蔓延，

甚至很多拥有聪明才智的人变成了一群玩世不恭的犬儒主义者。马斯洛认为这些近似病态的现象很大程度上是对理想破灭的绝望反击。在这篇文章中，马斯洛一共提出了二十七个不同的命题，从而构成了他的超越性动机理论。其中一个十分吸引人的概念是关于本质性或内在固有的"内疚感"，这种内疚感是有价值的，从生物学上看也是健康的，就像我们肉体上的疼痛所具有的保护作用一样。肉体的疼痛告诉我们身体的某一部分受到了伤害。与此相似，本质性的内疚感暗示我们在某一方面已经背叛或动摇了我们高层次的本质。例如，如果我们做工作所取得的成绩比自己能达到的水平差，那么我们就会产生一定的内疚感。这就是马斯洛所说的"本质性的内疚感"。他还归纳了十五种特定的存在价值，以及由于它们的丧失而分别产生的各种身心失调。他说，当我们长期没有感受正义或真、善、美的存在时，我们就会产生一些超越性病态，变得庸俗不堪，玩世不恭，情绪低落，冷漠无情，忧郁或失去生活的乐趣。

这篇文章发表在当年的《人本心理学杂志》上，马斯洛对此很满意。虽然当时并没有在很大范围内引起强烈的反响，但他坚信这篇文章最终会被社会科学界接受。

在与死神擦肩而过之后，马斯洛时常回顾自己的一生，是什么力量让自己成为这样一个人。他猜测，自己追求至善道德的热情、理想主义、济世情怀是受到犹太民族先知的感召所驱使的。自己头脑中的哲学思辨体系以及价值观念也很可能是犹太式的，抑或是自身针对排犹主义的全面性的反击。

马斯洛越来越觉得，全部心理学从根本上都是以生物学为前提的。他猜测无论是人格状况或者自我实现倾向都是有其生物学基础的。在与一些工作人员的私下交流后，马斯洛将这些思想碎片浓缩成《走向人本主义的生物学》一文，发表在当年美国心理学学会的期刊上。

早在 1967 冬天，在加利福尼亚召开的由实业界领袖和管理心理学家参加的大会上，马斯洛就公开表露了自己关于自我实现者的生物学基础的困惑。他认为一些人比另一些人更容易达到自我实现，是因为他们是生物学上的优势成员，即我们所熟悉的"生物精英"的概念。可马斯洛的这种大胆的想法震惊了很多同行，他们不敢相信马斯洛正在谈论"生物精英论"，这其中包括一直以来十分赞赏马斯洛的同道好友卡尔·罗杰斯。

为此，马斯洛在一篇写于 1968 年 3 月 28 日的未发表的短文中，阐述了自己的"完整人性"概念的精英论的含义。马斯洛越来越确信，人格功能中重要的个体差异是由天生的、生物性的因素造成的。特别是他观察到那些被他称为"具有完整人性的人"经常具有高峰体验，已经达到了自我实现，他们天生就容易拥有健康的感情，在社会上也容易获得成功。他将这一部分人称为"生物精英"。

马斯洛坦言："在我致力于建立美好社会理论，即优心态理论的过程中，就不可避免地要面对'生物精英论'的问题。"那些在社会上不太成功的人经常以社会的不公正为托词，因为这远远比他们承认自己在生物上处于劣势来得容易得多。外归因常常能减轻个人的心理压力，逃脱一种宿命论的指向。这无疑是由于生理上的不公平是一堵无法逾越的无形的墙，面对它，一股无力感油然而生。这也是为什么常人大多会对"生物精英"抱有一种尼采式的怨恨。

同时，马斯洛十分担心自己用于研究和科学的"生物精英"的概念被一些意图不轨的政治家作为攻击他人的利器。如果那样的话，就大大背离了马斯洛的初衷。他试图找到一种人们比较容易接受的说法，使大众避开"生物精英"这一尖锐的话题。也许我们可以这样表达："我们应该怎样由智者组成一个机构或委员会来帮助决定人类应该如何发展？人类应向哪种理想类型发展？怎样选拔在生物学意义上最优秀的人？"

从《走向人本主义的生物学》一文开始，马斯洛一直在寻求一条能够使其心理学的乐观主义与现实的生物决定论相协调的道路。我们向往的世界中一切皆为美好，但现实社会中确实存在着令人无奈的现实。一些孩子生来美丽，一些生来丑陋；有的健康，有的弱智。我们仅仅能将其归结为幸运与否的问题，而面对这些我们无能为力，我们无法选择自己出生于美国或者是非洲。然而，在命运、基因遗传、生理因素的限制下，我们仍可以保留自由的意志。我们可以在这有限的范围内，用聪明才智、意志品质使生活在可能的阈限内达到最好。就像在一场敌众我寡的战斗中，我们面对死亡这一唯一的结果，同样可以有不同的选择。奋战至死，抑或是缴械被杀。马斯洛这样论述："即使我们承认人们天生就有幸运与不幸运的事实，我们的自由意志仍然有很大的活动余地，我们完全可以成为积极主动的人，而不是一个任人支配的小卒。"

每个人都有权利并且有责任在自己的框架中活出生命的精彩。就像我们必须对高尚的木匠和自我实现的管道疏通工怀有崇敬之情是一样的。然而，如果我们没有保护好和运用好上帝所赐予我们的一切，那么一种"本质性的内疚感"就会笼罩着我们，挥之不去。因为我们原本可以做得更好，但却没有那样去做。"本质性的内疚感"可以暗示我们在某一方面已经背叛或动摇了我们高层次的本质。它不时提醒我们，去做有价值的事情，去活得更加有意义。

当然，我们对成功和有价值生活的定义是多元化的。正所谓条条大路通罗马，每个人都会有一个自己的成败层次等级，我们的对手只有一个人，那就是我们自己。不同社会文化下、差异的工作境遇中，多样的人格品质下都可以展现我们非凡的一面。人们可以用成百上千种方式把事情做好，这样，就可以当之无愧地为自己的成就感到骄傲，并走向积极主动与自我实现。

七、社会问题——亲密感的缺失

一直以来，马斯洛不断地构筑心目中的理论高塔，但他绝不是对社会问题漠不关心。20世纪60年代，马斯洛对当时西方社会中人们间的友谊与亲密感的日渐消殆感到忧心忡忡。在一篇写于1968年4月未发表的文章中，马斯洛这样写道："昔日在乡村地区、村庄、大家族以及宗族和真正的邻里中普遍存在的那种永久而又持续的、面对面的关系已经消失了。而现在，我们几乎只有由两代人组成的分离的原子式的家庭。"毫无疑问，现代的年轻人对那种祖父辈的深切关怀已经没有切肤之感了，甚至连他们父母的爱也不再那么殷实厚重。更不用说我们平日中的工作关系、熟人关系、同事关系、朋友关系是多么糟糕了。这种亲密感的疏离会严重地阻碍人们对归属感的获得，同时也就对自我实现筑起了一道难以跨越的鸿沟，使其一生的目标仅徘徊在对亲密感的追求中。

现代旅游业的情况也是人际疏离的另一个例证。当地人和旅游者莫明其妙地渐行渐远，成了两股貌合神离的人群。当地人为了取悦游客，不停地用"奇怪而有趣"的方式唱着跳着，只有这样游客才认为来到这里是"值得"的，这里是和家乡完全不同的生活世界，是"新奇而有意思"的地方。但是，这样造成了一种怪异的现象，因为当地人仅仅是为了迎合游客而进行表演，而这种表演并不是他们生活的常态。结果同一座城市很可能由于对游客开放而被割裂为两个部分，一个是居民的悠然生活的平静地区，另一个则成为专门为满足那些偷窥癖、旁观者和猎奇者心理的变态景观地区。游客变成一味追求新鲜的旁观者，一个行色匆匆的过客，很少有人真正地去体验那里真正的文化与内涵。

这无疑使人们之间的关系疏远了，我们变得很难融入另一种文化或习惯，总觉得对方与我们是那样的不同，以至于只能远观之。事实上，无论是男和女、老与幼、聪明和愚笨以及不同的种族，这些看起来极不相同的范畴的人们身上的差别远没有他们的相似性那么基本和重要。在这篇未发表的文章中，马斯洛强调："对于亲密感的渴望是一种恒久的需要。但是，在我们的社会或任何一个工业社会，都有一种破坏亲密感的特性，这样一来，就引起许多由于这种亲密感被剥夺而产生的心理疾病。"

1968年6月中旬，马斯洛参加了位于美国缅因州伯瑟城的国家培训实验中心的训练小组活动。这次短暂的旅程，不仅让他放松心情，休整身心，同时也在人际关系的研究方面颇有收获。这是马斯洛在晚年较为关注的一个方向，他对提高人们的移情技巧和交往技巧变得日益感兴趣了。通过几年来对训练小组的研究和关注，以及这次亲身参与其中，马斯洛发现训练小组对于增进现代人疏离的人际关系、亲密感的缺失有很好的疗效。置身于训练小组中，常常被小组里那种人与人之间真诚相处所带来的恢复健康的力量所打动。小组成员所营造出的温暖气氛对于增进成员之间的相互了解产生了极大的助推作用。原来我们之间的心可以离得这样的近、我们的关系可以这样的美妙动人，而不是我们常不自觉地认为这些关系是对立的、总和为零博弈的或是非协同性的。

训练小组带给人们的不仅是一种实践的尝试，也是一种理论的构建。人们可以通过这样一种方法使得日益分离化的家庭关系、同事关系、朋友关系走向整体化。也许，训练小组的意义可以从协调微观的人际关系扩大到调和黑人与白人的种族关系。敏感性训练、交朋友小组都是沿着这样一种思路来促进我们社会的整体化，最终推广到整个世界。可以将任何分离的团体或个体吸纳到训练小组中去，也就是说这种小组可以尽可能由不同的人组成，在更大范围内发挥效用。分离化的小团体往往由于某个莫须有的敌人而变成同盟，产生凝聚力。尝试训练小组的最终目的就是超越这种排他性关系，而使大家成为一个真正的整体，并拥有心怀全人类的手足之情。

八、反传统文化的战士

继 1963 年 11 月 22 日约翰·肯尼迪总统遇刺身亡后，1968 年 6 月 5 日，他的弟弟罗伯特·肯尼迪在竞选总统过程中又惨遭刺杀，这两次事件加剧了马斯洛的心绪不宁的紧迫感。他总是觉得哪里不对劲或者是有一股怒火发泄不出的感觉。马斯洛十分注重黑人的心理学教育，倡导人们应给黑人公正的待遇。但同行们对此的冷漠态度让马斯洛沮丧不已，因为他提出的倡导黑人的教育问题就像一拳打在了棉花上，没有任何效果，没有丝毫回应。但马斯洛怀揣的救世情怀使他不能放缓手中的任何一项工作，他感觉时间越来越紧张了，他必须尽一切努力完成自己的任务，仿佛只有他才能传达人类的福音。

1968 年秋季学期临近了，这是马斯洛 1967 年春以来首次受聘任教。但此时的马斯洛已经不那么喜欢他曾视为最爱的教书生活了。由于几年来与企业家们和经理们的交往，使他深信美国的大学是管理最差的机构。学校里那"与世隔绝"的环境，以及两耳不闻窗外事的心理学同行都让马斯洛受不了。系里充斥着死气沉沉的气氛，整个心理学系仿佛已经不再有人关心他的学术情况，马斯洛在学校中越来越感觉孤独，不愿与人交往。与此形成鲜明对照的是，商业界、管理界对马斯洛几乎是一种追捧的态势，各种演讲邀请从未间断过。这种"外边热、里边冷"的奇怪状态，越发让马斯洛觉得自己与布兰代斯的学术身份格格不入，他越来越不喜欢教书了。其中部分原因也可能是马斯洛那种父辈式的严肃的教学风格已经与这所学术气氛活跃的文科大学渐行渐远了。

在这期间，有一件让马斯洛十分欣喜的事。1968 年 8 月末，他的女儿安的临产期到了。马斯洛夫妇飞往俄亥俄州的哥伦布去等待第一个外孙的降临，这一刻已经让他们期待已久。安的产期推迟了，马斯洛扫兴地回了家。直到 9 月 18 日，贝莎打来电话告诉他安生了个很健康的女儿，又让马斯洛重新兴奋了起来。他成为爷爷的梦想终于得到了实现，马斯洛高兴极了。11 月中旬，安和丈夫杰里带着刚出世的女儿珍妮来看望马斯洛。在这两周多的时间里，马斯洛整日和可爱的小宝贝生活在一起，精神好了很多。孩子充满信任的目光，稚气的一举一动，重新唤起了马斯洛对人性的信心和乐观精神。他真希望自己还能有很多的时间看着小家伙一天天地长大，但又对此产生怀疑。

第 13 章

陨落于阳光普照的加利福尼亚

一、走出学术界

马斯洛的确是越来越不喜欢布兰代斯的教书生活了。并且，此时的他已经不用再担心经济上的问题了，即使是不再教课，他也能凭借自身的威望通过讲演或著述获得不错的收入。然而，马斯洛依然顾虑重重，他像经历了经济大萧条的人们一样，无论如何不敢轻易放弃一份安稳的工作。他告诉自己，也许他可以坚持到退休再作其他打算。

就在马斯洛打算硬着头皮继续教书的时候，来自加利福尼亚罗帕克的萨加管理公司董事长兼总裁威廉·劳林的一个电话，使事情产生了重大的转机。马斯洛与劳林是在几年前的华盛顿特区由国家训练实验中心举办的敏感性训练工作坊上认识的。劳林告诉马斯洛，他专门为马斯洛筹备的一笔研究经费已经落实，邀请马斯洛前往他的公司，并附有十分吸引人的条件：一笔数目可观的薪水，一部新轿车，一间专用的设备齐全、装潢美观的私人办公室，并有专职的秘书服务。另外，马斯洛可以在任何时候与公司的经理们进行交谈。而马斯洛的任务只是到那里去做一个驻访学者，拥有自由的时间进行写作和学术研究，并不受公司的情况限制。

接到这个电话时，马斯洛几乎没有任何表情，只是手握着电话筒附和着劳林，不冷不热地回应了几句，并没有立刻接受邀请。后来回忆当时的情景时，马斯洛解释说，他被劳林所讲的条件震惊得几乎说不出话来了。纵然条件如此优厚，马斯洛还是经历了十分激烈的心理挣扎，要离开自己待了一辈子的学术圈子，他还是有一些焦虑的，毕竟那种充满智慧的氛围并不是马斯洛所厌倦的。由于种种原因，马斯洛还是很快接受了这项邀请。波士顿的天气使马斯洛饱受心脏病的折磨，他想也许加利福尼亚充足的阳光会对此有所帮助。加之，马斯洛觉得布兰代斯的学生越来越不可爱了，对他们甚至到了出口教训的程度。校园内的骚乱、黑人激进分子对图书馆和学术成果的破坏，以及那些胆小怕事的同事，都让马斯洛不再留恋这里。

1969 年 1 月 7 日，马斯洛向布兰代斯大学上交了一份病假申请报告。他觉得这是一个不错的权宜之计，一旦驻访学者的计划不能顺利成行的话，他还是可以回到这里继续教书的。1月下旬，马斯洛与贝莎举办了一个小型的告别晚宴，邀请了一些心理学系的同事和朋友。毕竟，马上就要离开他们居住了十八年的波士顿，心中还是有些依依不舍的。

二、来到萨加

来到萨加后，马斯洛开始了解一些关于萨加公司的发展历史。萨加是在 1948 年，由劳林和另外两位合伙人以合作的方式成立的，他们的经营范畴是学校的餐厅。到了 1961 年，萨加公司在全国九十八所大学开办了连锁校园餐厅。20 世纪 60 年代中期，萨加的经营规模不断扩大，食品的供应也朝多元化发展，开始涉及医院和退休协会的食品供应。1968 年，公司开始发行股票，成为上市公司。

然而，随着公司规模的逐步升级，一系列的问题也随之而来。公司员工的士气大为减弱，对公司制度的满意度也逐年下降。根据公司对员工的调查显示，公司的不断扩大以及层级制度的建立使员工逐步远离公司决策的中心地带，被边缘化的他们常常感到十分沮丧。鉴于这样一种现状，劳林曾聘请过马斯洛的朋友——罗伯特·坦南鲍姆，力图改善这种集中管理的弊端。

坦南鲍姆针对这种局面主持了两项活动。首先，调查员工对于公司行政管理方向的牢骚水平是怎样的。我们前面曾讲到，每个企业和组织都不可能消灭牢骚，我们能够期待的是通过条件的改善使抱怨的水平得到提高。牢骚水平的提升可以看成是员工动机水平的增高，如果我们的努力可以获得更高层次的抱怨，这将是我们所乐见的。其次，召开全国范围内的管理层讨论会，针对之前牢骚的调查结果进行公开的讨论。这两项活动的目的是希望加大领导层和员工的交流，使员工的意见能够参与到公司的决策中来。在此之后，公司在全国范围内还建立了多级别的管理小组，以便于能有更多开诚布公的建议交流。

马斯洛被萨加领导者的开明管理深深感动，要知道在当时的社会背景下这样的做法是多么的激进与冒险。相信员工，本身就是一种对领导体制的挑战。这里的领导者在关心公司的利润和自己口袋的同时，也看到了员工的需求。他们了解公司不只是制造产品的地方，更是创造生活品质的源地。这些难能可贵之处都让马斯洛印象深刻，这种实用的理想主义与安迪·凯的非线性公司有异曲同工之妙。

在此期间，贝莎在门罗公园的拉达诺的生活区找到了一栋正待出售的房子，环境和装饰都是那么迷人。劳林给了马斯洛一笔预付款，帮助他买下了这栋贝莎心仪的房子。劳林兑现承诺，给马斯洛配备了一辆奔驰轿车，供他私人专用。这一切美妙的东西让马斯洛有些受宠若惊，甚至略感不安。适应这些对他来说有点奢华的东西，需要一些时间。

马斯洛在萨加的生活十分舒适和悠闲。搬进新家后，他又在家中造了一个游泳池。每天早上起来先游一次泳，然后在阳台上与贝莎共进早餐，之后才驱车到办公室上班。在公司中，马斯洛经常和经理或员工们进行长时间的聊天，这让他感到轻松和愉快。中午的时候，他在公司的餐厅与员工们一起就餐。这里的气氛融洽极了，所有的公司成员都在一起用餐，并没有为经理或一般雇员设置不同级别的餐厅，这样可以避免大家的隔阂更好地促进交流。同时，大家都为马斯洛就在他们中间感到骄傲，他们喜欢马斯洛的热情和谦逊。午饭后，马斯洛就会开车回到家中，睡一个很长的午觉，然后写点东西或者读些书。傍晚的时候，经常有朋友来与他和贝莎一起共进晚餐。

马斯洛对自己在加利福尼亚的生活非常满意，并越来越喜欢这座阳光普照的海滨城市。是劳林帮助他脱离了让人懊恼的布兰代斯，这里的一切都是那么美妙，自由的学术气氛，志趣相投的朋友圈子，让马斯洛感到无比惬意。当然，成为萨加公司的驻访学者，也让他收获不小。公司蒸蒸日上的势头，员工与领导的和谐气氛，都让马斯洛感到兴奋。1969 年 11 月，在考察了萨加公司为中层经理们举行的管理培训的各项活动之后，马斯洛发表了热情洋溢的讲话。

马斯洛这样感慨，在这里看到的组织管理方式只有美国才有，是一种先进的、绝对美国式的管理模式。正因为有这样民主的管理方式，才能使普通的成员获得公平的升迁机会。世界上大多数地区的人们没有享受到这样先进的制度，他们无法成为萨加这样的大公司的经理，部分原因是他们得不到最初的但又是必要的公正提升。美国式的管理最大的优势在于为全体公民提供一条自下而上的流动机制，无论我们来自世界任何地方，都不需要任何"助推力"就能走到今天的位置。

马斯洛本身就感激这样的公正制度，他从一个移民家庭的小孩，成为了今天享誉全国的心理学家。美国式的管理让人们不需要特殊的提携、家族的荫庇、某所著名大学的牌子，不需要任何的优惠和特权，一切只取决于自身的天资与努力。

马斯洛热情、幽默的言谈使来听会的中层管理者们十分放松。马斯洛还激情澎湃地鼓励和肯定他们对萨加公司正在进行着的"革命"。他说，这是为全世界所进行的一场试管试验，因为只有我们拥有如此富足的资源，这应该让我们感到自豪。同时，马斯洛高兴地谈到 Y 理论在萨加公司的作用是惊人而有效的。每位员工都是被信任的、独立自主的和拥有潜能的。我们的员工面对冲突，敢于向上级坦率地直接进言，这是其他公司的员工所不敢想象的。虽然，对于个别倔强的领导，员工也有圆滑的一面，但已经相当真诚和不容易了。最后，马斯洛还严肃地强调一点，在美国，男人的形象被认为是强硬的、不能表现出任何软弱的，这使得男人不敢充分表露自己的感情。要知道，真正的男子汉是能够在他人面前表现善意与温柔的。

三、人性的精髓

在此期间，马斯洛感到自己的身体稍有好转，就开始为自己制订一系列的短期计划，其中包括他特别提到的美国的社会问题。他想写一本简要的非正式的人本主义政治学的小册子，来为美国脱缰的价值观力挽狂澜。这已经不仅仅是一项科学的任务，对马斯洛来说更是一种社会责任感。他需要为美国的年轻人找回对美国价值观的信心，一种可以站稳脚跟的信仰。

马斯洛的长期目标是，要在整个心理学界为人性的研究打开一扇门窗。在他看来"一个新的人的形象和一个新的社会的形象会使人类在所有方面发生变化，这种新的可能性与达尔文学说、弗洛伊德学说、牛顿学说或者爱因斯坦学说一样，几乎有着相同的革命意义。"

在马斯洛生命的最后几个月里，他不断地重新审视人性的真正内涵，人本主义心理学是否能够清晰地表述它。但他发现以往关于"人性本善"的诸多论述似乎还是模糊不清的。从长远来看，他觉得这种状况只会削弱人本心理学在咨询、心理治疗、管理、组织发展以及其他领域的重要作用。于是，马斯洛于1970年3月写了一篇短文，对人性的诸多观点进行了归纳。这篇文章虽然没有发表，但言辞深刻，并且此时距离马斯洛因心脏病去世只有几个月的时间。

马斯洛认为，人本主义心理学使人类的形象焕然一新，帮助我们摆脱一种卑微、片面的人类表象，从更深层次激发人类的潜能，向更高层次挑战自我。值得强调的是，在这篇文章中，马斯洛指出："我并没有宣称人本质上是善的，因为这个结论事实上是错误的。实际上，我只是认为人性在某些条件下可以是善的，并且力图说明具体需要哪些条件。"在这里，我们可以清晰地看出，马斯洛对环境与人性相互作用的重视程度。这说明人类心理的"善"并不是无条件的、绝对的、永久的，只有在一定条件下，人性才表现为善。在恶劣的环境条件下，人们更容易表现出心理病态和丑恶行为。

所以说，人是有作恶和表现病态的潜在能力的。那么，现实社会的价值观以及社会环境就显得更加重要了。一个人过去和现在都生活在良好的环境下，那么他就可以保持"善"的本性，即他的行为看起来都是符合伦理的、有道德的、正直的。然而，稍加梳理我们就会发现，人类历史上面向大众的良性环境是那么短暂和稍纵即逝。此刻，为美国大众以及全人类营造一个良性社会就显得迫在眉睫了。良性社会就是满足社会成员基本需要的社会，使成员能够广泛地建立健康的人际关系的社会，为社会成员提供自我实现的条件的社会。

　　马斯洛希望年轻人以及后来人能够明白这样一个道理，即我们不要以一厢情愿的主观善良愿望看待任何事物。虽然我们对人类的天性抱有美好的期待，但我们应该也必须承认我们自身的不完善性，同时更不能陷于绝望。我们在接受人性是善与恶的共同体的同时，心怀希望，努力创造良好的条件，使善的本性能够获得最大限度的发挥。这有点像我们婚姻中的相处，每一段美满的婚姻都需要夫妻双方的细心经营。然而，幸福与美满是建立在对对方丑陋与缺陷的接纳之上的。在生活中，无论是对人抑或是对事情，期待其完美无缺而不是去努力改善都是极大的错误。对完美工作、完美朋友、完美配偶的孜孜以求本身就酝酿着巨大的悲情成分。

　　1969 年 8 月中旬，马斯洛完成了《动机与人格》的再版序言的修改工作，马斯洛将其作为自己这一阶段的一项重要成果。大约一年前，马斯洛应出版社的邀请重新修订这本代表他思想雏形的重要著作，该书已经问世十四年了。在修订的过程中，为了避免修改后的内容过于庞大，马斯洛几乎没有加入新的思想，只是将近些年来关于人本心理学的发展的一些新材料充实进去，为此书作注释。这些可以弥补他先前对人性的一些直觉性的猜测，支持和完善人类动机的理论体系。

在加利福尼亚的生活让马斯洛感到满足和珍贵。尤其是在经历了那次致命的心脏病发作之后，他发觉自己曾那么近地与死亡擦肩而过，原来死亡可以是如此简单的一件事。现在的生活更像是上天对自己的恩赐，马斯洛经常用"死后"的生涯形容自己的状态。当一个人心怀感激，周围的一切都会变得美丽起来，每一次的呼吸都是那么畅快，每一次的日升日落都那么富有意义，大自然的一切都被涂上新鲜的颜料，如此奇妙和不俗。由此，马斯洛更加喜欢记日记，他希望能记录下对生活的理解与感想，以便和自己的子孙后代一起分享。也许，这些宝贵的经验和真挚的感情是能够也是最想留给他们的。

1970年4月中旬，马斯洛出席了在艾奥瓦州举行的超个人心理学大会。他在演讲中提到了《宗教信仰、价值观和高峰体验》修改序言中的一些内容。他对自己曾过分强调纯粹的经验表示了深刻的反思。承认自己当时的考虑不够全面，并严肃地提醒大家一味地追求精神上的异常体验是极其危险的。要抵制社会上的一股以这般名义去剑走偏锋人士的极端行为，这将有可能导致最终的"施虐—受虐"行为。而且，江湖骗子所宣扬的占星术、算命牌都不属于科学的范畴，要极力破除迷信思想。真正的神秘体验不用我们刻意用异端行为去激发抑或是云游四海去苦苦追寻，它普遍存在于我们的日常生活中。马斯洛风趣地说："也许，你会在自家后院获得不错的神秘体验。"

四、高原体验

在4月中旬的这次大会上，马斯洛还突出地介绍了他提出的新概念——"高原体验"（Plateau-experience）。根据他自己的陈述，他是从阿斯拉尼的著作《高原体验》和《自如状态》中接触到这一概念的。受到这两部书的启发，马斯洛觉得有必要对自己的高峰体验论进行适当的拓展，将"高原体验"的概念充实到理论体系中去。

马斯洛认为："高原体验是对奇迹的、使人敬畏的、神圣的、大一统的情景和存在价值的宁静而平和的反应。"并且，通过不断的观察和思考，马斯洛提出，自我实现的人、智者、圣贤的真正标志应该是获得高原体验，即一种持续的宁静和全神贯注，而不是经常的、激烈的、短暂的愉快或狂喜。也就是说，高原体验与高峰体验是有很大差别的。

首先，高原体验带有一种理性的、认知的因素，在这种感受中我们可以进行深邃的沉思，甚至获得"存在性认知"。而在高峰体验中，很少能够产生思考的成分，基本上是一种情绪上的体验。

其次，就主观感受而言，高原体验比高峰体验更为宁静、平和。高峰体验常常伴随着激烈、狂喜的情绪，它是一种惊异的、仿佛自动达到沸点的感受，我们更多的是沉迷于它带来的震动和不敢置信。也许就像是：当我们游览到某处迷人的风景时，突然发觉自己与以前不一样了，在这一刻生命焕然新生。甚至有的人在高峰体验时有一种濒死的感觉，所以，高峰体验是强烈而难以言喻的。然而，高原体验更多的是纯粹的享受和幸福，对平静生活的纯美体味。当一位母亲安静地坐着，长时间地看着自己的孩子玩耍、丈夫在电脑前工作，她欣赏着、赞美着、思索着，觉得这一切美好得几乎不真实，进而产生了一种恬静的、连续的、非常愉悦的感受。或许当我们集中精力凝视一朵鲜花，也可以感受这种奇妙与欣赏的平静喜悦。

再次，高原体验的持续时间要比高峰体验长得多。高峰体验往往一闪而过、稍纵即逝。虽然有可能多次出现，但每一次都相当短暂。而高原体验可以长时间地停留在我们的生活中，使人们长时间地栖居在超越性的生活状态里。对于存在价值的理解、超越性需求的满足，都将发挥更大的作用，后效也更加明显。

最后，也是最值得强调的是，高原体验是受意志支配的。高峰体验是以突如其来的方式出现的，我们无法通过主观的意志努力去控制它，使其如我们所期待的那样频繁显现。我们只能被动地承受，等待着它的出现。高原体验虽然没有高峰体验如此普遍，但有赖于我们的意志的作用。高原体验可以通过长期坚持不懈的努力获得，如长久积极地工作、认真地生活。我们说，高峰体验随时随地都有可能会发生，并且每个人都可能会经历这种体验。但是，高原体验的产生是需要个人终其一生的努力去追求的。这也是为什么马斯洛将高原体验作为自我实现者的真正标志的原因所在。

遗憾的是，在此不久之后，马斯洛的辞世使高原体验这一研究未能得到展开。我们仅能从马斯洛演讲和一些思想的碎片中窥见这一精彩的概念。即便如此，马斯洛对这一概念的重视程度也足以引起世人的关注与思考。

五、心中的美国梦

在马斯洛生命的最后一段里程中，他越发地关注人本心理学对于社会的意义，对于世界的意义。在美国这样一个富足的、自由的、进步的国度里，人们应该也必须怀有高层次的梦想。然而，在社会上堂而皇之、大行其道的是一个建立在很低水平的、非常物质化的美国梦。即现在典型的美国梦尚处于较低需要的层面上，以收入、豪华轿车、游艇、高级住宅、名贵服饰等几乎完全是物质性的标准来定义社会地位和成功人士。

我们已经知道，人类的需求层次是沿着金字塔的形式上升的，"当我们的物质需要得到满足之后，我们就会沿着归属需要（包括群体归属感、友爱、手足之情）、爱情与亲情的需要、取得成就带来尊严与自尊的需要、直到自我实现以及形成并表达我们独一无二的个性的需要这一阶梯上升。而再往上就到达了超越性需要。"

那些抑或是激进的、抑或是茫然的美国年轻人，甚至更年长一些的人，他们中的大多数基本生活毫无问题，可以说十分的宽裕，他们享受到了父母的关爱、同伴的友情。可为何他们还是茫然四顾，仿佛是趴在玻璃上惶惶的苍蝇，看似前途一片光明，实则毫无出路。这是因为今天的美国社会并没有为公民树立高层次的超越性价值，使得具备自我实现条件的人们无从找寻一条清晰的通往存在性价值的道路。尤其是当下的年轻人，美国整个社会制度使他们接受了一个完全物质化的生活成功的定义。他们中几乎没有人敢说："我想成为一个好人，一个高尚的人。"因为这样的人生目标毋庸置疑会招致不屑与白眼。

马斯洛认为，自己作为一位颇具威望的人本心理学家，有责任将美国梦重新拉回到托马斯·杰斐逊的那个时代，那个完整地阐述美国梦的时代。每一位充满智慧的、心思成熟的人都会期待这样一种高层次的价值观被赋予光亮的色彩。人本主义心理学的目标之一就是帮助人们重新树立对美国主流价值观的信心。马斯洛这样强调："在美国社会，人们有可能过上不受威胁、没有焦虑与恐惧的生活，能过上体会到亲密无间的兄弟姐妹情谊的生活，能过上满足爱的需要的生活。如果有可能找到爱的人并形成互爱的关系，则同样有可能寻求到尊严、自豪与自尊。"

在这样一个社会中，人们有充分的自主权去追求想要实现的东西。只要选对方法、坚持不懈，就必然能够实现愿望。并且，马斯洛卓有远见地认为，可以将美国社会的物质主义和金钱的目标看成是通往更高层次价值观的良好通道。这将有助于改变现在的年轻人反对任何时候任何人手中的权力与金钱的心理习惯。恰如金钱若掌握在"优势成员"的手中、好人的手中，那么金钱就能够发挥好的作用，帮助那些有需要的人，支援那些有意义的项目，使我们的社会变得越发美好。

马斯洛终其一生，都在为心理学在将世界变得更加美好的进程中发挥更大的效用，一刻不停地努力着。就在其去世前的一个月，日期为 1970 年 5 月 8 日的一封给约翰·D. 洛克菲勒的信中，马斯洛还大加赞誉了洛克菲勒的关于"生活质量"的演讲。对于洛克菲勒对人的尊严、归属感、充分发挥潜力的重视，马斯洛都深表感激，并希望借其影响力得到更多人对这些基本需求的关注。马斯洛十分期待看到人本心理学体系能够被应用到公共政策这一极其重要的领域。

六、安详的凋零

1970 年 6 月 8 日，星期一，马斯洛像往常一样起床洗漱，踱步走出房间，到游泳池边缓慢地散步。贝莎就在不远处默默地注视着他。过了一会儿，马斯洛按照心脏病医生的嘱咐，看着秒表，小心翼翼地开始慢跑。突然，他在加利福尼亚的阳光下缓缓地倒下了，没有任何声响。当贝莎惊呼着扑到马斯洛的身旁时，他已经死于心力衰竭，享年 62 岁。

听闻马斯洛的死讯，朋友们无不感到震惊与叹息。尤其是莫雷尔夫妇，他们就在昨天还到马斯洛的家中做客，愉快地与贝莎和马斯洛攀谈。大家不敢相信这位乐观的、不停思考的、一直怀揣理想主义的心理学大师就这样静静地离开了。朋友们、同事们纷纷以各种形式追悼。6月10日马斯洛的好朋友罗伯特·坦南鲍姆将这一消息告诉了自己研讨班的学生，并在讣告上写道："他的伟大的心脏突然停止了跳动，据我们所知，从各种迹象来看，他没有任何痛苦……"坦南鲍姆在此期间还集中精力协助出版一本纪念马斯洛的文集，并组织学生参加回忆马斯洛的活动，以回顾马斯洛极其有影响力的一生。

马斯洛的人本主义的济世情怀、对人性的独特见解以及对生命的深刻启示都让人们视为珍宝。以马斯洛为首发起的人本主义心理学，通过扬弃当时占统治地位的弗洛伊德学说与行为主义学说的观点，从一股弱小的思想流派，发展壮大为心理学界的第三势力，与精神分析、行为主义并驾齐驱。在这个过程中，马斯洛的奔走呼号仿佛是一幅幅连续的图景，那么清晰动人。

半个世纪以来，马斯洛也许比其他任何一个美国心理学家都更加强烈地影响了我们看待自身的方式。他将人们带出了弗洛伊德学说和行为主义理论中认定人性阴暗的影子，以一种全新而乐观的信念，激发人类美好天性的显现。一位从未与马斯洛当面接触过的人说出了这样一段令人感动的话："正是由于有马斯洛的存在，做人才被看成是一件有希望的好事情。在这个纷乱动荡的世界里，他看到了光明与前途，他把这一切与我们一起分享。"这位有心者的几句话道出了很多受到过马斯洛热情指点、与之亲密交往的人的心声。

纵观马斯洛的思想体系，虽然在严谨性方面稍欠缺，例如，在自我实现的研究中，样本量颇少且选取过程较为主观，以及对于自我实现者标准的把握也大多出自直觉，然而，这些瑕疵丝毫没有阻挡马斯洛的思想火花产生燎原之势。他关于人类的需求动机、自我实现、创造力和健康人格等富有创见的思想，不仅在心理学和心理咨询与治疗领域影响广泛，并且涉及了教育理论、健康保健、企业管理、组织发展甚至宗教神学等众多领域。马斯洛还帮助人们改变零和游戏的观点以及丛林价值观，即常见的那种将自己的成功建立在他人失败的基础上的固有想法，换言之，他人的成功就意味着自己的失败，必须产生输赢结局的一种状态；以及弱肉强食态度，认为人不是"羊"，就是"狼"，即不是受害者便是潜在的掠夺者。他呼唤人们重新认识什么才是有价值的生活，怎样才能形成一个协同合作的社会，以及如何产生一种双赢、和谐的效应。

　　和许多著名的心理学家相比，马斯洛的生命历程略显短暂，他的辞世多少有些仓促。即使马斯洛能活到今天，也不过只是百岁老人中的一位。如果将他的生命延续二三十年的话，也许我们可以更加幸运地领略到这位大师更多的、迷人的智慧。即便如此，马斯洛的名声在他去世的时候已经登峰造极，而且在此之后他的思想仍然源远流长，不断地在世界范围内繁衍、扩大。马斯洛在世的时候，用他的热情与友好，感染了他所认识的每一位朋友，辞世之后，他宽厚而耐人寻味的思想，继续影响着生活在世界每一处的人们。

附　录

年　谱

1908 年　4 月 1 日，出生于美国纽约曼哈顿。

1913 年　5 岁的他就经常到布鲁克林公共图书馆浏览书籍。

1922 年　1 月，进入布鲁克林最好的男子高中学习。

1925 年　9 月，被纽约市立大学录取。

1927 年　转学至康奈尔大学一个学期，后又回到纽约市立大学。

1928 年　9 月，来到威斯康星州的麦迪逊继续他的大学学业。12 月 31 日，
　　　　与表妹贝莎举行了结婚典礼。

1930 年　春天，获得学士学位。

1931 年　夏天完成了他的硕士论文，并于同年 10 月被授予心理学硕士
　　　　学位。

1934 年　春，完成了在威斯康星大学的心理学博士学业。毕业论文的内容
　　　　是探索猿猴支配行为和性行为的相关研究。

1935 年　8 月 1 日，来到哥伦比亚大学，担任著名心理学家桑代克的研究
　　　　助理。

1937 年　入职布鲁克林大学，担任心理学助教。一年后升为讲师，又过了
　　　　八年后，才被提升为副教授。

1938 年　大女儿安出生。夏天，在露丝·本尼迪克特的鼓励下，来到加拿
　　　　大艾伯塔的北方黑脚印第安人部落进行人类学调查。9 月，师从格式
　　　　塔心理学家库尔特·科夫卡。

1940 年　二女儿艾伦出生。

1941 年　与贝拉·米特曼合作的《变态心理学原理》教科书出版。

1943年　秋季，一生中最有影响力的论文《人类动机理论》发表。同年，发表《权力主义者的性格结构》一文，也是他最有说服力的代表作之一。

1946年　身体健康状况逐渐恶化。

1947年　2月2日，在兄弟的建议和帮助下，他带着全家来到马斯洛制桶公司在加利福尼亚的分公司，担任公司的一名管理人，在这里进行调理和休养。

1949年　身体状况大为好转，携同贝莎和女儿们返回了东部，重新开始了学术生涯。

1950年　《自我实现的人：一项关于心理健康的研究》的文章，发表在沃纳·沃尔夫主办的《人格评论：价值讨论》杂志1950年第一期。

1951年　发表题为《对于文化适应的抵抗》的短文。同年秋天，来到布兰代斯大学担任心理学系主任。

1954年　《动机与人格》出版。

1956年　9月1日在美国心理学会全国大会上公开了关于高峰体验的研究成果。

1958年　夏天，与妻子贝莎到墨西哥享受了长达十四个月的休假生活。

1959年　3月起，开始每天记日记。冬天，由他主编的论文集《人类价值观的新知识》出版。

1960年　8月，提出了"优心态群体"或"现实的理想之邦"的概念。同年，在芝加哥举行的"美国心理学协会"年会上，被选为美国二十位最有创造性的心理学家之一。

1961年　年初，参加在佛罗里达大学举行的关于人格理论和心理辅导实践的第一次年会，在会上发表了《关于心理健康的一些新问题》的演讲。5月中旬，与贝莎到达加利福尼亚拉约纳的"西方行为科学研究所"。同年，他决定辞去布兰代斯大学心理学系主任的职位。由他参与创办的《人本心理学杂志》出版。

1962年　春天，《存在心理学探索》出版。6月6日，与贝莎一起到安迪·凯的非线性公司进行访问。

1964年　秋天，《宗教信仰、价值观和高峰体验》出版。

1965 年　创造了"超个人心理学"这一术语，并为了促进这一方面的研
　　　　究，他又帮助创办了杂志和成立了协会。10 月，对非线性公司的考
　　　　察所汇成的《夏天的笔记》更名为《优心态管理》正式出版。

1966 年　《关于科学的心理学：一种探索》出版。并于同年被美国人道主
　　　　义协会评选为这一年的"人道主义者"。

1967 年　年底，《关于超越性动机的理论——人生价值的生物基础》发表。
　　　　12 月 6 日，诊断患了严重的心脏病，入院治疗。

1968 年　担任美国心理学会主席。

1969 年　1 月，携同贝莎来到加利福尼亚罗帕克，在威廉·劳林的萨加公
　　　　司担任驻访学者。

1970 年　6 月 8 日，心力衰竭，辞世于加利福尼亚。

主要著作

1. 1954 年，《动机与人格》第 1 版出版。

2. 1962 年，《存在心理学探索》出版。

3. 1964 年，《宗教信仰、价值观和高峰体验》出版。

4. 1965 年，《优心态管理》出版。

5. 1966 年，《关于科学的心理学：一种探索》出版。

6. 1970 年，《动机与人格》第 2 版出版。

7. 1971 年，《人性能达的境界》出版。

参考书目

1. 马斯洛著，许金声等译：《动机与人格》（第 1 版），华夏出版社，
1987 年。

2. 马斯洛著，许金声等译：《动机与人格》（第 3 版），中国人民大学
出版社，2007 年。

3. 爱德华·霍夫曼著，许金声译：《马斯洛传——人的权利的沉思》，

华夏出版社，2003年。

4. 彭运石著：《走向生命的巅峰——马斯洛的人本心理学》，湖北教育出版社，1999年。

5. 马斯洛著，爱德华·霍夫曼编，许金声译：《洞察未来》，华夏出版社，2004年。

6. 马斯洛等著，林方主编：《人的潜能和价值》，华夏出版社，1987年。

7. 马斯洛著，许金声、刘铎等译：《自我实现的人》，生活·读书·新知三联书店出版社，1987年。

8. 马斯洛著，李斯译：《马斯洛论管理》，中国标准出版社，2004年。

9. 弗兰克·戈布尔著：《第三思潮：马斯洛心理学》，上海译文出版社，1987年。

10. 车文博著：《人本主义心理学》，浙江教育出版社，2003年。

11. 车文博著：《西方心理学史》，浙江教育出版社，1998年。

12. 车文博主编：《当代西方心理学新词典》，吉林人民出版社，2001年。